Der vierzigste Geburtstag hat es in sich: Er markiert eine Grenze, die man mit ziemlich gemischten Gefühlen überschreitet. Wer mit vierzig noch keine Familie gegründet hat, dem gelingt es vielleicht nie. Wer mit vierzig noch keine Karriere gemacht hat, wird nicht mehr Vorstandsvorsitzender. Und wer mit vierzig noch keine Ahnung hat, welche Hose zu ihm passt, dem hilft auch keine Lifestyle-Beratung. Ab vierzig wird rückwärts gezählt. Deshalb räumen die meisten von uns mit ihrem Leben noch einmal richtig auf, wir machen weniger Kompromisse und fragen uns, was wirklich wichtig ist: Freunde? Karriere? Familie? Frisur?

Volker Marquardt erzählt anhand vieler Beispiele, wie sich Körper, Psyche und Liebesleben verändern, wie es uns gelingen kann, diese turbulente «zweite Pubertät» zu überleben, und warum wir vor allem froh sein können, vierzig zu sein – und eben nicht mehr fünfundzwanzig. Ein amüsanter wie informativer Ratgeber für gefühlte Vierziger und alle, die es noch werden.

Volker Marquardt

Halb so wild

Was mit 40 wirklich zählt

Rowohlt Taschenbuch Verlag

Für meine Tochter Zoe

Veröffentlicht im Rowohlt Taschenbuch Verlag,
Reinbek bei Hamburg, Juli 2010
Copyright © 2009 by Rowohlt · Berlin
Verlag GmbH, Berlin
Die Originalausgabe erschien unter dem Titel
«Halbzeit. Was mit 40 wirklich zählt»
Umschlaggestaltung ZERO Werbeagentur, München
(Foto: A. Reynolds/GettyImages)
Satz aus der Apollo PostScript, InDesign,
bei Pinkuin Satz und Datentechnik, Berlin
Druck und Bindung Druckerei C. H. Beck, Nördlingen
Printed in Germany
ISBN 978 3 499 62428 5

Inhalt

Herzlichen Glückwunsch
zum Vierzigsten

Verdammt, was mache ich nur an meinem Geburtstag: Ist ja ein besonderer, der vierzigste, oder? Eine Party mit allem Drum und Dran wäre schon angebracht. Feiern wie mit fünfundzwanzig, dazu einen zwanzigjährigen DJ engagieren, der zur Strafe für seine Jugend die ganzen Hits aus *unserer* Jugend spielen muss. Wir gießen uns was auf die Lampe und tanzen auf den Tischen, so wie früher. Danach kichern wir in der Gelegenheitsraucherecke. Und wenn alle doch nur herumstehen? Spätestens um ein Uhr sind doch die Paare mit den Kleinkindern müde und verabschieden sich: «Sorry, wir müssen morgen wieder früh raus. Aber danke für die tolle Party!»

Also lieber zu Hause mit dem Partner: «Schatz, es ist so weit. Alles Gute zum Geburtstag! Hier mein Geschenk.» Was wünscht man sich überhaupt zum Vierzigsten? Das meiste kann man sich ja inzwischen selbst kaufen. Und wenn nicht, ist was falsch gelaufen. Oder mal etwas Spezielles ausdenken? Eine Frau aus England hat ihrem Ehemann kürzlich ein Jahr lang Sex geschenkt – jeden Tag, außer wenn einer von beiden krank oder betrunken ist. Gute Idee. Davon haben alle etwas. Vielleicht gibt es auch drei Umschläge mit verschiedenen Geschenkoptionen: ein Wohlfühlwochenende im Harz (gut für die Partnerschaft), einen Segelkurs (gut für die Fitness) oder eine neue Uhr (gut fürs Ego)?

Man sollte auf jeden Fall freinehmen. Wer will schon ausgerechnet am Vierzigsten schweißgebadet im Büroflur laue Glückwünsche der Kollegen empfangen: «Viel Glück weiterhin! Jetzt geht's erst richtig los! Und nochmal vierzig Jahre!» Am Ende bekommt man einen Kaffeepot geschenkt, darauf steht: «Der Besitzer dieser Tasse ist vierzig.» Am besten gleich ein paar Tage Urlaub und wegfahren! Mal wieder allein sein, über alles nachdenken: das Leben, die Liebe, die Eltern, die Arbeit. Klingt dramatisch, nach Kassensturz. Aber warum nicht.

Oder lieber Sporturlaub? Den Körper in Schwung bringen, er meldet sich ja immer öfter in unserem Alter. Er will Zuneigung und Aufmerksamkeit. Manchmal zwickt das Kreuz, oder die Cellulite ist nicht mehr zu übersehen. Oder doch Familienurlaub mit den Eltern? Na ja, vielleicht eher zu *ihrem* runden Geburtstag.

Okay: endlich mal mit dem Partner verreisen! Eine Woche, fast ohne Programm. Statt von Termin zu Termin hetzen in Paris von Park zu Park schlendern, oder in Rom von Trattoria auf Pizzeria umsteigen, oder vor Capri von Rücken- auf Brustschwimmen. Die Kinder sind derweil bei den Großeltern gut versorgt. Zu dick aufgetragen für so einen Geburtstag? Also gut: ein Essen mit den besten Freunden – fertig, aus: «Bitte bringt Wein statt Geschenke mit. Wir wollen uns schließlich alle zusammen feiern.»

Verdammt, was mache ich nur am Vierzigsten?

Solche Gedanken kamen mir, als ich selbst kurz vor dem großen Ereignis stand. Na ja, eigentlich begann das schon am Tag nach meinem 39. Geburtstag. Ich habe mich mit Freunden und Bekannten darüber unterhalten. Vielen ging es ähnlich. Auch sie konnten sich nicht entscheiden: Party? Nix? Urlaub? Essen? Auch für sie ist der Vierzigste etwas Besonderes. Ein guter Zeitpunkt für Therapeuten. Oder für ein Buch wie dieses.

«Komisch», sagt meine Freundin Kathrin, «ich glaube, das liegt an der magischen Zahl. Sie hat bei mir einiges ausgelöst, schon ein, zwei Jahre vorher.» Je näher ihr Vierzigster kam, desto häufiger fragte sie sich: Soll es das jetzt gewesen sein? Kann mein Leben noch fünfundzwanzig Jahre so laufen? Vor allem: Will ich das überhaupt? «Irgendwie ist mir klar geworden, dass mir keine endlose Zahl von Sommern mehr bleibt. Eigentlich war ja alles ganz gut, und ich hätte so weitermachen können.»

Hat sie aber nicht. Sie hat in ihrem Leben aufgeräumt – und zwar richtig. Zuerst kündigte sie ihren Job bei einem großen Pharmakonzern. Zehn Jahre Betriebszugehörigkeit, inklusive Betriebsrente, vermögenswirksamen Leistungen und Perspektiven. «Eigentlich ein Traumjob! Nur eben nicht für mich.» Jetzt hat sie einen kleinen Laden im Zentrum Berlins, in dem sie «ein paar Dinge verkauft, die mir gefallen». Kleine Geschenke für Touristen und Neuberliner.

Außerdem hat sie, die promovierte Biologin, sich in einem Yogakurs angemeldet. Das kostete sie erst Überwindung, inzwischen geht sie dreimal die Woche zum Kundalini-Yoga. Dabei achtet sie peinlich genau auf ihre Atmung.

Vorher dachte sie nie darüber nach. «Ich habe mich regelrecht auf die Sinnsuche begeben. Nochmal ganz auf Start, soweit das eben mit vierzig geht.» Erst entfernte sie sich von ihrem langjährigen Freund, dann kam die Trennung. «Es war alles Fake», sagt Kathrin heute. «Wir lernten uns bei einen Business-Meeting kennen. Das sagt doch schon alles, oder? Danach gaben wir das erfolgreiche Paar ab: immer größere Wohnungen mit immer teureren Küchen.» Zuletzt hatten sie nur noch einmal im Monat Sex, meistens nach dem «Tatort».

Jetzt ist sie eben Single. Noch immer kommt ihr das neue Leben manchmal fremd vor, wie das einer anderen. «Dann muss ich mich kneifen, um mir klar zu werden, dass das alles kein Traum ist. Oder kein Film im ZDF-Vorabendprogramm. Nein, es ist mein Leben, auch wenn fast alles ganz anders aussieht als vor fünf Jahren.» Umbrüche gab es natürlich auch vorher schon, aber damals empfand man sie eher als Aufbrüche. Diesmal ist es ernster: «Ich fühle mich ein wenig wie mit sechzehn», sagt sie. Immerhin geht sie in ihrer neuen Pubertät mit den Umbrüchen anders um. Nicht mehr so naiv wie mit sechzehn.

Endlich Halbzeit

Der 40. Geburtstag markiert eine Grenze. Wir sind nicht mehr ganz jung – und noch nicht wirklich alt. Das merken wir schon, wenn wir nach dem Aufstehen das Radio einschalten. Der Beatles-Kanal mit den Oldies ist nichts für uns. Zu lahm. Aber auch die aufgekratzte Morning-Show nicht: zu schnell, zu laut, zu doof. Im Zweifelsfall hören wir die CD von «Petterson und Findus», weil unser Kind darauf besteht. Es geht weiter beim Joggen. Vorher muss ich mich neuerdings warmmachen. Ich will ja nicht nach hundert Metern mit einer Zerrung humpelnd umkehren – vor allem nicht, wenn die Nachbarn auf dem Balkon frühstücken. Nordic Walking kommt allerdings nicht in Frage. Ist doch was für Rentner. Im Moment ziehe ich mir noch einen hellblauen Stützverband übers Knie. Sieht erbärmlich aus, soll aber gegen Gelenkschmerzen helfen. Das hat mein Orthopäde gesagt, der ein paar Jahre jünger ist als ich. Wie übrigens alle anderen auch: zum Beispiel die Grundschullehrerin meiner Tochter und die Tagesthemen-Sprecherin und der Bankberater, der mit Anfang dreißig angeblich genau weiß, was für mein Portfolio gut sein soll. Immerhin habe ich eins. Bei der Arbeit dasselbe Bild: Mein Chef ist auch jünger als ich. Sieht zum Glück aber älter aus.

Wir können langsam nicht mehr so tun, als ob wir zum Nachwuchs gehören, als ob wir später mal alles besser machen werden als unsere Eltern. Als ob noch alles vor uns liegt. Nachts liegen wir im Bett und denken nach – über uns, unsere Zukunft und unseren Partner: Sind wir auch in zehn Jahren noch ein Paar? Können wir uns als Eltern in einem Alltag einrichten, mit dem ganzen Organisationskram und den schwindenden Möglichkeiten? Oder wenn die Kernfamilie, wie bei vielen Vierzigern, auseinandergebrochen ist: Wie oft kannst du eigentlich neu anfangen – mit ganzem Herzen, so angstfrei und lustvoll wie mit fünfundzwanzig? Unschöne Gedanken sind das. Man muss schon aufpassen, danach noch einschlafen zu können.

Dann machen wir eben Kassensturz, schließlich ist jetzt genau der richtige Moment dafür: Halbzeit. Spätestens ab vierzig wird bei den um 1970 Geborenen nämlich rückwärts gezählt, rein statistisch. Frauen aus unseren Jahrgängen werden 81,2 Jahre alt, Männer 78,3. Mit exakt 39,15 respektive 40,6 Jahren beginnt also für uns die zweite Hälfte. Unsere um 1940 geborenen Eltern, die laut Statistik eine Lebenserwartung von knapp 67 Jahren haben, erreichten die Halbzeit schon mit 34,3 Jahren. Und die um 1910 geborenen Großeltern hatten mit 26,5 Halbzeit. Eigentlich sollten wir dankbar sein.

Stattdessen kriegen wir Torschlusspanik. Das gab es natürlich schon immer, aber eben früher: Unsere Eltern hatten sie mit dreißig. Heute beginnt sie mit vierzig. Dann fragen wir uns: War es das jetzt? Kann ich noch fünfundzwanzig oder dreißig oder fünfunddreißig der 41,2 Jahre, die mir bleiben, so weiterleben? Moment mal, was ist mir eigentlich wirklich wichtig im Leben? Von solchen Fragen handelt dieses Buch. Es ist die Besichtigung eines Lebensabschnitts – ein Abschnitt, der es in sich hat.

«Ich muss zugeben, dass ich zum ersten Mal mehr über einen Geburtstag nachdenke», sagt Carla. «Es ist Halbzeit. Und jetzt, mit vierzig, ist mir mehr denn je bewusst, was für ein Leben ich bislang führen durfte. Die Höhepunkte, in privater und beruflicher Hinsicht. Natürlich auch die Tiefen, die gehören genauso dazu. Zum ersten Mal habe ich über das Alter nachgedacht.» Seitdem achtet Carla in der Stadt auch auf ältere Menschen. Seitdem sucht sie nach Indizien, dass sie in der zweiten Lebenshälfte angekommen ist. Seitdem stellt sie sich neue, andere Fragen: Was kann ich noch schaffen? Wie gestalte ich die nächsten zehn Jahre? Meine Kinder werden größer, unabhängiger – was verändert sich dadurch? Wie wird unser Verhältnis sein? Und was wird dann für mich wichtig? «Um den Vierzigsten habe ich alles in Frage gestellt: Beziehung, Beruf, Freunde, Alltag. Ich bin noch nicht fertig damit, aber ich weiß: Ich werde etwas ändern.»

Die perfekte Mischung

Dabei sind wir hin- und hergerissen. Zum einen denken wir, wenn wir nachts mal wieder nicht einschlafen können: Was soll denn so toll daran sein, älter zu werden? Beim Joggen komme ich an meine Bestzeiten nicht mehr ran, bei Partys halte ich nicht mehr lange durch, und im Bett ist auch schon mal mehr gelaufen. Studentinnen siezen mich, wenn sie mich nach dem Weg fragen. Allein der Gedanke, sie auf einen Kaffee einzuladen, verbietet sich dann von selbst. Der letzte neue Musikstil ist auch schon komplett an mir vorbeigegangen! Aufsichtsratsvorsitzender eines DAX-Unternehmens werde ich ohnehin nicht mehr. Also, was bringt das?

Aber in unseren guten Momenten, wenn wir mit geschlossenen Augen in der Morgensonne sitzen, denken wir: Einiges habe ich ja doch schon auf die Beine gestellt. Was denn? Vielleicht ein Kind (auch wenn es gerade in der Pubertät ist und extrem nervt), eine Weltreise, eine Magisterarbeit (auch wenn ich heute nur noch die Hälfte kapiere), den Umzug in eine neue Stadt, das erste gute Geschäft. Dann denken wir an die Erfahrungen, die wir schon gemacht haben. Wir haben Trennungen überlebt und Jobwechsel. Immerhin wissen wir in solchen Momenten, dass uns so leicht nichts mehr umhauen wird. Und wenn doch, stehen wir eben wieder auf. Haben wir schließlich ein paar Mal schon getan. Das gibt uns eine gewisse Gelassenheit, die man eben nur mit vierzig hat.

Beides zusammen, die Souveränität und die Aufbruchsstimmung, kann eine unschlagbare Mischung sein. Weil wir uns darüber ärgern, dass manche Lebensoptionen allmählich wegfallen, entwickeln wir neue Energien. Wir wollen es noch einmal wissen. Gerade um den Vierzigsten herum probieren viele von uns nochmal etwas Neues aus. Es ist unsere zweite Pubertät. Wir drehen an den Stellschrauben unseres Lebens, kaufen uns ein Wohnmobil oder radeln um die Welt. Wir ziehen aufs Land oder starten eine zweite Karriere als Gartenbauarchitektin. Wir trennen uns oder kommen wieder zusammen. Unsere Erfahrung hilft uns dabei, alles nicht so naiv anzugehen wie mit zwanzig. Wir haben zwar nicht mehr so viel Elan wie früher, aber dafür sparen wir uns manchen Umweg. So können wir noch mit vierzig zum Erfolgsmodell werden.

Die Zeit dazu hätten wir. Denn wenn das Leben ein sechswöchiger Sommerurlaub ist, haben wir noch gut drei Wochen vor uns. Wir kennen schon den schnellsten Weg zum Strand und wissen, wo es die leckersten Brötchen gibt. Wir haben noch einige Ausflüge in die Umgebung vor und freuen uns schon aufs Baden am nächsten Tag. Und das Ende des Urlaubs? Das ist nun wirklich noch in weiter Ferne.

Hilfe, mein Körper macht sich selbständig

Angefangen hatte alles mit einem Nasenhaarschneider. Mein Freund Tobias hat ihn mir geschenkt. Nein, er hat ihn zu einem Mittagessen mit Freunden angeschleppt, dieser Mistkerl. Die fanden das alle sehr witzig. Ich auch, denn was sollte ich mit einem Nasenhaarschneider! Nasen- und Ohrenhaare haben doch nur alte Männer. Immerhin war eine Beleuchtung eingebaut, und Batterien waren auch dabei. Konnte man also als Reisetaschenlampe benutzen.

Das Ding lag ein paar Monate im Schrank, natürlich noch verpackt. Bis ich im Spiegel mein erstes Haar entdeckte. Es waren genauer gesagt zwei, die aus dem rechten Nasenloch hervorlugten. Erst versuchte ich, sie mit dem Finger wieder zurückzudrücken, aber das half nicht. Also ignorierte ich die Nasenhaare und ging ins Büro, als ob nichts gewesen wäre. Am nächsten Morgen nach dem Rasieren – der gleiche Anblick. Schlimmer: Es kam noch ein weiteres aus dem anderen Nasenloch. Das ließ sich beim besten Willen nicht mehr ignorieren.

Also nahm ich meine Nagelschere und wollte meine Nase wieder in den Originalzustand versetzen. Wer das mal versucht hat, weiß, wie schwer es ist, die kleinen Mistdinger zu erwischen. So stocherte ich mit der Nagelschere. Bei jedem Blick in den Spiegel hatte ich allerdings den Eindruck, dass ein neues zum Vorschein gekommen war. Ich wurde immer nervöser und schnitt wie wild herum. So lange, bis es blutete. Mit einem Tupfer und dem Mickey-Mouse-Pflaster meiner Tochter (ein anderes hatte ich gerade nicht zur Hand) versorgte ich meine Nase notdürftig und ging ins Büro.

Als die Kollegen wissen wollten, wie ich zu meinem lustigen Pflaster gekommen sei, erzählte ich was von «Beim-Rasieren-übel-geschnitten-das-wird-schon!». Aber es wurde nicht. Nach ein paar Tagen konnte ich das Pflaster wieder abnehmen, doch der Anblick war immer noch wenig erfreulich: Sie waren zwar etwas kürzer als vorher, aber Haare bleiben Haare. Ich wollte mich nicht geschlagen geben – und suchte wieder meine Nagelschere.

Im Badezimmerschrank stieß ich auf den originalverpackten «Nasenhaarschneider Modell CE5253». Einmal angeschaltet, machte er ähnliche Geräusche wie ein Vibrator. Immerhin lag er gut in der Hand, mein nagelneuer Nasenhaar-Vibrator, und die Beleuchtung funktionierte auch tadellos. Ganz ohne Aufwand ließen sich mit ihm alle Zeichen des Alterns in meiner Nase vernichten. Seither benutze ich ihn alle zwei Wochen. Aber das erzähle ich natürlich nicht meiner Freundin – und schon gar nicht Tobias.

Seit den Nasenhaaren hat sich mein Blick in den Spiegel verändert. Ich schaue jetzt genauer hin und frage mich: Wer ist der Mann mit den unverkennbar grauen Haaren um die (immerhin hundertprozentig haarlosen) Ohren? Mein erstes graues hat mir meine damalige Freundin mit einer Mischung aus Spott und Genugtuung in einem Bilderrahmen überreicht. Das ist schon ein paar Jahre her. Damals war ich Mitte zwanzig und habe noch alles abgestritten. Inzwischen funktioniert Leugnen nicht mehr: Über den Ohren zieht sich ein grauer Schleier entlang.

Weil Färben natürlich nicht in Frage kommt, sage ich mir dann: Sind ja nur ein paar graue Haare. Bei gutem Licht sieht das immer noch straßenköterbraun aus. Oder: Das gibt meinem Gesicht wenigstens Charakter. Oder: Auch George Clooney hat graue Haare, und offenbar geht es ihm ganz gut damit. Männer tendieren dazu, sich einzureden, sie sähen mit grauen Haaren aus wie George Clooney, der angeblich ein Sexsymbol ist. Ähnlich wie Frauen sich einreden, ihre Figur habe etwas Rubenshaftes. Aber das beruhigt mich immer weniger, besonders wenn eine junge Frau mit einem Leberfleck im Dekolleté penetrant über Immobilienpreise reden will, statt zu flirten.

Am deutlichsten sieht man Vierzigern das Alter eben auf dem Kopf an. Das liegt an den verdammten Lufteinlagerungen. Sie bewirken, dass unsere Haare grau und grauer werden. Wie bei meiner Freundin Julia. Vor ein paar Jahren ist mir nur ein einziges, langes graues Haar in ihrem dunklen, dichten Haar aufgefallen, dann kamen ein paar an der Schläfe dazu und jetzt auch noch ein Büschel hinten. Sie sieht immer noch umwerfend aus, aber eben anders. Zudem breiten sich in unserem Alter Geheimratsecken besorgniserregend aus. Wie Geschwüre. Wir ahnen dabei: Diesen Kampf können wir nicht gewinnen. Die Anzahl der Haarwurzeln verringert sich nämlich mit jedem Lebensjahr – bei Männern manchmal schon ab zwanzig. Da aber am Haarausfall auch die Hormone schuld sind, nimmt er gerade um vierzig deutlich zu. So fühlen sich viele Vierziger langsam von ihren Haaren im Stich gelassen. Dann kämmen sie sich den Scheitel mit etwas Haarwachs nach vorne oder zur Seite, sobald sich eine kahle Stelle abzeichnet.

Was soll's. Ein paar graue Haare und ein Ansatz von Geheimratsecken. Ansonsten taucht im Spiegel gar nicht so viel Neues auf. Gut, es gibt ein paar Falten rund um die Augen und ein extrem langes Haar mitten in den Augenbrauen, mein Waigel-Haar. Aber das habe ich schon, seit ich dreißig bin. Ich muss wohl noch näher ran. Auch im Schminkspiegel meiner Mutter nichts Dramatisches: ein paar größere Poren auf der Nase, aber weit entfernt von einer Säufernase. Darüber der Abdruck meiner Nickelbrille. Darunter einige trockene Hautstellen, die ein wenig stumpf aussehen. Ein ganz normales Gesicht eines Manns mit vierzig eben. Ich war ganz zufrieden mit dem Bild im Spiegel. Jedenfalls hatte ich nicht viel mehr erwartet.

Aber dann fiel mir ein, dass Altern auch weiter unten beginnen könnte, an Hüften, Bauch und Knie – und dazwischen. Das wollte ich genauer wissen und ging zum Arzt. Dort wollte ich in Erfahrung bringen, wie alt mein Körper wirklich ist. Und was wäre dafür besser geeignet als eine Inspektion, ein Gesundheits-Check? Als Nächstes musste ich mich mit einem Pappspatel in der Hand über die Klobrille beugen. Ich hatte das Gefühl, dabei um Jahre zu altern.

Damit sollte ich einen sogenannten Occult-Test machen. Das ist keine schwarze Messe, sondern eine Untersuchung auf verstecktes Blut im Stuhl. Und den Spatel hatte mir mein Hausarzt in die Hand gedrückt. Drei Tage lang eine Probe, von zwei verschiedenen Stellen. Natürlich keine besonders appetitliche Sache, aber für seine Gesundheit nimmt man ja so manche Erniedrigung in Kauf. Ich wollte schließlich nicht mehr zu den achtzig Prozent der Männer gehören, die noch nie im Leben eine Vorsorgeuntersuchung gemacht haben. Frauen sind da anders: Fast fünfzig Prozent haben bis zu ihrem 40. Geburtstag schon einen Gesundheits-Check hinter sich.

Um mehr über den Zustand meines Körpers in Erfahrung zu bringen, musste ich noch in einen Plastikbecher pinkeln. Leider habe ich ihn zu voll gemacht – und musste den Becher durch das vollbesetzte Wartezimmer lotsen und der Arzthelferin in die Hand drücken. Nur, wie drückt man jemandem einen randvollen Becher in die Hand, ohne dabei etwas zu verschütten? Die Arzthelferin sah mir zum Glück meine Befürchtungen an und sagte: «Da rüberstellen, ähm, bitte!» Dann nahm sie mir noch kommentarlos Blut ab.

«Wir testen auch mal auf Hämorrhoiden», sagte sie ein wenig zu laut. «Sie sind zwar noch nicht im wirklich kritischen Alter, aber Sie sitzen viel am Schreibtisch, oder?» Wie bitte, Hämorrhoiden? Das haben doch nur Vorstandsvorsitzende, Bundestagsalterspräsidenten oder Pensionsempfänger. Als ich die Resultate der Untersuchung dann bekommen sollte, fragte ich zuerst nach dem H-Wort. In dem Moment schien mir nichts schlimmer zu sein. «Alles okay», sagte mein Arzt, der mit vierzig übrigens Zopf und

Cowboystiefel trägt. «Sie können sich über die Ergebnisse freuen. Nur der Cholesterin-Wert ist ein bisschen hoch.» Aber keine Sorge, das sei «altersbedingt. Der ganz normale Lebens-Blues des Körpers.»

Wie: altersbedingt? Das hatte vorher noch niemand zu mir gesagt, außer vielleicht bei der altersbedingten Akne als Teenager. Dann meinte er noch: «Für einen Vierzigjährigen sind Sie topfit. Betreiben Sie einfach ein wenig Tempelpflege.» Ich sah ihn verständnislos an. «Na Ihr Körper ist Ihr Tempel, und den sollten sie langsam ein wenig pflegen: ein bisschen mehr Sport, etwas Entspannendes. Weniger rauchen? Machen Sie eigentlich Yoga? Und nicht schon morgens Eisbein mit Sauerkraut.»

Mein Zahnarzt, zu dem ich als Nächstes ging, sah das ähnlich, nur drückte er es in nackten Zahlen aus. Tempelpflege gleich halbe Kronen aus Keramik bei drei Zähnen unten. Das macht 1950 Euro Selbstbeteiligung. Hätte ich doch mein Bonusheft besser geführt, dachte ich noch und sagte: «Können Sie mir das schriftlich geben, bitte!» Ich hoffte, vielleicht käme dann ja weniger raus. Vergeblich. Aber es musste sein. Es sind die Amalgam-Plomben, die den Vierzigjährigen gerade jetzt reihenweise im Gebiss zusammenbrechen. Sie halten eben nur zehn bis zwanzig Jahre.

Wo ich schon dabei war, wollte ich auch meine Gelenke auf ihre Haltbarkeit testen lassen. Seit einer Schleimbeutelentzündung im rechten Knie (zu lange auf dem Laufband im Fitnessstudio) zwickt es mich abwechselnd im rechten Knie oder in der linken Hüfte (zu wenig Fitnessstudio und Schonhaltung wegen des rechten Knies). Einmal musste ich mir sogar eine schmerzstillende «Pferdespritze» in die Muskulatur verpassen lassen, weil die Hüfte gar nicht mehr mitmachen wollte.

Dabei ist es beruhigend zu wissen, dass ich damit nicht allein bin: Knapp die Hälfte aller Vierzigjährigen leidet laut Expertenschätzungen unter chronischem Verschleiß der Knorpel. Sie sitzen wie Kissen in den Gelenken zwischen den Knochen und garantieren zusammen mit der Gelenkschmiere ihre Beweglichkeit. Normalerweise ist die Oberfläche des Knorpels glatt. Wenn er sich aber altersbedingt abbaut, reiben die Knochenflächen aufeinander. Dann kann jede Bewegung weh tun. So ähnlich hat sich jedenfalls mein Orthopäde ausgedrückt und schon wieder das Wort «altersbedingt» benutzt.

Dann hat er mir ein paar Broschüren in die Hand gedrückt. Überschrift: «Degenerative Gelenkerkrankungen». Zu sehen ist ein älterer, sehr grauhaariger, aber bestimmt noch rüstiger Herr mit einem hölzernen Wanderstock. Daneben joggt eine Frau mit wahnsinnig hässlich gemusterten grellbunten Leggins. Auf ihrem Schweißband wiederholt sich das Muster. Was sollte das mit mir zu tun haben?

In der Broschüre sind schreckliche Aufnahmen von «Kniegelenksarthrosen» zu sehen, und man erfährt, dass bereits ab dem dreißigsten Lebensjahr das Gesamtkörperwasser abnimmt. Die Gelenkflüssigkeit «schmiert» dann nicht mehr so gut wie früher. Die Folge für viele Vierzigjährige: Knie- und/oder Hüftbeschwerden. Was ich, außer gezielter Bewegung und aufbauenden Spritzen, dagegen tun kann, ist noch nicht raus. Aber die Untersuchung ist ja auch noch nicht abgeschlossen.

Die Besuche beim Arzt haben mir aber schon jetzt gezeigt: Gesundheit ist zum ersten Mal in unserem Leben nicht selbstverständlich. Wir müssen etwas dafür tun. Das ist die schlechte Nachricht. Die gute: Wir haben mit vierzig noch genug Zeit, um unsere Jugendsünden (zu viel rauchen, zu viel sitzen, zu viel Pizza Hawaii) auszugleichen. Wir haben noch eine Chance, unseren Körper für die zweite Halbzeit auf Vordermann zu bringen. Und es würde sich sogar lohnen für die restlichen knapp vierzig Jahre, die wir statistisch noch zu leben haben. Aber wo sollen wir anfangen, schließlich hat unser Körper in den letzten Jahren doch eine Problemzone nach der anderen entwickelt.

Rippchen zum Vierzigsten

Von meinem Gesundheits-Check erzählte ich meinem Freund Tobias an seinem Geburtstag. Es war der erste Vierzigste, bei dem ich eingeladen war, von dem meiner Eltern abgesehen. Aber damals war ich fünfzehn, und vierzig Jahre war noch unvorstellbar alt. «Ist das noch nicht zu früh für so was?», fragte Tobias und nahm sich nach. Es gab Rippchen, sizilianischen Brotsalat, kalte Tomatensuppe, Bohnensalat mit Minze und Erdnüssen. Und zum Nachtisch selbstgemachtes Birnensorbet. Die meisten Rezepte waren von Jamie Oliver. Tobias sagte: «Alles keine große Sache! Kaum Aufwand!» Aber den größten Teil des Tages hat er mit seiner Freundin Nina in der Küche verbracht. Das war nicht immer so.

Als Tobias fünfundzwanzig war, feierte er in seiner alten

WG in einem Trendviertel. Es gab Astra, das in der Bade-
wanne kühl lagern sollte. Der Flaschenöffner hing an einer
Kordel an der Heizung, die Korken schwammen irgendwann
im Wasser, zusammen mit den Etiketten der Bierflaschen.
Zu essen gab es künstlich schmeckenden Kartoffelsalat und
lauwarme Würstchen. Später noch die Chips seines Mit-
bewohners. Es kamen immer mehr Leute. Einige davon
kannte keiner. Sie hatten auf der Straße die Musik gehört.
Irgendwann waren 150 Leute in der 80 Quadratmeter großen Wohnung. Um 5.30 Uhr hat Tobias seinen alten Freund
Ole hinausgeschmissen. Dieser hatte mit der Deckenlampe
Tennisaufschläge trainiert. Am nächsten Morgen fehlten
alle After-Shave-Flaschen und der alte Regenschirm, den
Tobias noch von seiner Mutter hatte. Dabei hatte es schon
seit Tagen nicht mehr geregnet.

Sein 30. Geburtstag sollte ruhiger werden. «Auf keinen
Fall mehr zu Hause feiern», dachte sich Tobias, als er nach
seinem 25. Geburtstag den Flur neu streichen musste. Er
war voller Fußabdrücke, einer hatte sogar mit Lippenstift
«I Love Anne» auf die Wand geschrieben. Unfassbar. Bis
heute geht das Gerücht, dass es Ole war, bevor er mit der
Deckenlampe Aufschläge übte. Aber das konnte nie be-
stätigt werden. Jedenfalls hatte Tobias genug davon und
überredete einen Freund, mit ihm in einem baufälligen
Club zu feiern.

Wieder hatte es sich schnell herumgesprochen, dass eine
Party ansteht. Wieder kamen gut 150 Leute. Viele hatten
eigene Musik mitgebracht, und die Tanzfläche füllte sich
schnell. Als seine Mutter weg war, legte Tobias Punkrock
und Nirvana auf. Ein paar der Gäste tanzten, manche Pogo.

Das gab es lange nicht mehr. Die Party endete dann in einer kleinen Schlägerei. Keine wilde Sache, aber irgendwann lagen ein paar Typen ineinander verkeilt auf dem Boden und schrien herum. Auch das gab es lange nicht mehr. Wieder war Ole darin verwickelt. Am nächsten Tag sagten die meisten, er habe angefangen. Aber auch das ließ sich nicht wirklich klären. Ole jedenfalls leugnete hartnäckig.

Das war vor zehn Jahren. Zehn Jahre vor dem Bohnensalat mit Minze zum Geburtstag. Vorher kam sein 35. Geburtstag. Den feierte Tobias mit seiner Freundin im Urlaub. Ich protestierte. Aber gegen Argumente wie «Sizilien, Super-Lastminute-Angebot, Beziehung pflegen, mal wieder am Strand liegen» war nicht viel auszurichten.

Jetzt also der 40. Geburtstag: kleine Runde, guter Wein, geschmackvolle Geschenke, alles enge Freunde und ein leckeres Essen. Wenn Tobias in den letzten Jahren etwas gelernt hat, dann Kochen. Als Hauptgang gab es Rippchen im Ofen geschmort. Sie mussten alle zwanzig Minuten mit Rotwein übergossen werden und dufteten herrlich. Tobias freute sich schon besonders darauf und lud sich ein großes Stück auf seinen Teller. Er unterhielt sich gerade angeregt über irgendetwas Kulinarisches und schob sich einen Bissen in den Mund. Dann verstummte er plötzlich. Lief rot an und rannte aufs Klo. Dort steckte er sich den Finger in den Hals. Das hatte er mal in einem Film gesehen. Ich klopfte ihm dabei auf den Rücken. Hatte ich auch im Film gesehen. Immer fester, aber vergeblich.

Wenige Minuten später saßen er und seine Freundin im Taxi auf dem Weg ins Krankenhaus, Notaufnahme. Der diensthabende Arzt war gar nicht überrascht. Er fischte

Tobias routiniert den Knochen aus der Speiseröhre, der noch fast genießbar aussah, als ihn der Arzt in den Mülleimer warf. Tobias war erleichtert und atmete durch. «Das passiert vor allem Männern in Ihrem Alter», erklärte der Arzt. «Frauen nehmen den Mund nicht so voll. Und sie kennen ihre Grenzen besser.» «Vor zehn Jahren wäre mir das niemals passiert», sagte Tobias noch im Taxi zu seiner Freundin. «Da habe ich eine ganze Packung Chio-Chips in gefühlten drei Minuten gegessen – ohne mich dran zu verschlucken.»

Mit vierzig meldet sich eben unser Körper, und zwar immer öfter und an verschiedenen Stellen. Auch bei Männern wie Tobias, die außer der einen oder anderen Erkältung und einer Blinddarm-OP mit sechzehn nie wirklich krank waren. Meistens nichts Dramatisches, aber überspielen können wir es trotzdem nicht mehr. Wir wollen eigentlich ewig 29 oder 31 sein, aber unser Körper sagt uns: Nicht mit mir! Da mache ich nicht mit. Schau dich doch mal an. Gerade bei Vierzigjährigen, die viel auf ihre Jugendlichkeit gegeben haben, wirken die ersten Alterserscheinungen wie ein Schock. Denn die Krankmeldungen entsprechen so gar nicht unserem gefühlten Alter. Wir hatten uns doch eben noch die neuen Sneaker von Adidas oder Gola geholt und uns darüber unterhalten, welche cooler sind – und plötzlich geht es um ganz andere Themen: um Nasenhaare, Orthopäden und Notaufnahmen, um erste Falten und erste Fettpölsterchen.

Kurz nach seinem 40. Geburtstag musste Tobias seinen alten Ford Fiesta anschieben, der mal wieder nicht anspringen wollte. Eigentlich kein Problem, schließlich wohnt er an einer abschüssigen Straße. Seine Freundin Nina saß also am Lenkrad mit offener Tür, und Tobias schob das Auto an – bis er zu Boden sank. Nina stoppte den Wagen, sprang heraus, zog ihren stöhnenden Freund ins Taxi und fuhr mit ihm erneut ins Krankenhaus. Diagnose: Bandscheibenvorfall. Der nächste OP-Termin wurde leider erst in ein paar Wochen frei.

Ein weiterer Schock kam für Tobias kurz nach der Entlassung aus der Klinik. Sein Augenarzt informierte ihn, dass er eine Brille braucht. «Mir ist schon in den letzten Jahren aufgefallen, dass ich die Schrift auf meinem Computerbildschirm immer größer stellen musste. Außerdem habe ich im Restaurant die Speisekarte mit gestrecktem Arm vom Körper weggehalten. So konnte ich sie besser lesen. Mir war schon klar, dass das eine üble Altmännergeste ist, aber an eine Brille habe ich dabei nicht gedacht. Doch nicht in meinem Alter!» Dabei ist Tobias genau im Brillenalter. Denn die Augenlinse wird mit vierzig immer weniger elastisch. Die Folge: Alterssichtigkeit. Da hilft nur eine Lesebrille. Das sind die, die vorne auf der Nase sitzen und dich auch nicht jünger machen.

Also ist Tobias mit seiner Freundin zum Optiker gegangen, ganze dreimal, bis sie endlich eine ausgesucht hatten. «Es waren eher gefühlte siebenmal. Ich konnte mich einfach nicht entscheiden. Ich sah mit jeder Brille doof aus, alt, anders. Dieser Typ mit der Brille – das war ich einfach nicht.» Leichter wurde die Entscheidung auch nicht dadurch, dass seine Freundin Nina gerne eine, wie sie sagte, «flippige» Brille wollte. «Ich hasse Brillen mit rotem Gestell oder farbigen Pünktchen oder gebogenen Bügeln», so Tobias. Die einfachen schwarzen Brillen, die er favorisierte, fand Nina abscheulich. Sie wolle nicht, dass er wie Dieter Thomas Heck oder ein «in die Jahre gekommener Vertreter» aussehe.

Um Nina einen Gefallen zu tun oder um Nina zu gefallen, suchte er sich ein relativ großes Modell mit dunkelrotem Rand aus. Als ich ihn traf, setzte er sie im Kino erst auf, als es vollkommen dunkel war. Kurz vor Ende des Films nahm er sie wieder ab. «Der Abspann hat mich noch nie so interessiert», sagte er nachher in der Bar – natürlich ohne rote Brille. «Lieber sehe ich nur die Hälfte der Leute, als dass mich jemand mit Brille sieht.» Inzwischen hat er sein dunkelrotes Gestell gegen ein schwarzes eingetauscht. Modell Wim Wenders.

Nach seinem Geburtstagsrippchen erlitt Tobias also einen Bandscheibenvorfall und ein Brillendesaster. Aber das war noch nicht alles. Tobias ist seit Jahren begeisterter Läufer. Seit der Zeit, in der Laufen noch «Joggen» hieß, nimmt er sich mindestens zweimal die Woche die gleiche Runde vor. Seit ein, zwei Jahren ist er mit Stoppuhr und Pulsmessgerät unterwegs. Beides hat ihm Nina mal geschenkt, weil sie dachte, er würde kollabieren, wenn er mit hochrotem Kopf und vollkommen verschwitzt wieder in ihrer gemeinsamen Wohnung auftauchte. Und damit hatte sie nicht unrecht.

Denn Tobias musste sich in den letzten Monaten immer

mehr anstrengen, um auch nur seine Durchschnittszeiten zu erreichen. Von seiner Bestmarke war er sowieso weit entfernt. «Ich bin neuerdings wahnsinnig außer Puste beim Laufen, schon nach zwei bis drei Kilometern», meinte er einmal beim Bier. Als seine Rundenzeiten trotz aller Anstrengungen schlechter wurden, sucht er seinen Hausarzt auf, um ein Belastungs-EKG zu machen. Der Arzt versuchte, ihn zu beruhigen. «Das liegt an Ihrem Alter. Die Lungenbläschen werden durch den natürlichen Alterungsprozess weniger elastisch.» Nikotin verstärke diesen Prozess noch. Tobias hat daraufhin das Passivrauchen eingestellt, aber das half auch nicht viel.

Jetzt hat sich das Problem von selbst gelöst, aber nicht so, wie Tobias es sich vorgestellt hat. Sein Arzt riet ihm, sich nach einer neuen Sportart umzusehen. Tobias bekam nämlich «Probleme mit dem Knie». Zuerst waren es nur Entzündungen der Schleimbeutel, dann eine Reizung der Kreuzbänder. In letzter Zeit halfen auch Stützverbände und säckeweise Mobilat-Salbe nicht mehr. Es ließ sich nicht mehr ignorieren, dass sein Knie nach jeder neuen Runde schmerzte.

Wo Tobias schon beim Arzt war, fragte er ihn noch nach seinen Füßen. Denn da schien sich etwas zu verändern. Durch sein regelmäßiges Laufen hat er offenbar größere Füße bekommen. Seit er sechzehn ist, trägt er Schuhgröße 43 – und zwar von den Sneakern bis zu den Skischuhen. Heute braucht er zum ersten Mal eine halbe Nummer größer. Zuerst hat er noch Adidas die Schuld gegeben. Dann klärte ihn sein Orthopäde auf, dass auch dies eine Alterserscheinung sei. «Sie merken das Alter von Kopf bis Fuß», sagte sein Arzt, «von der Alterssichtigkeit bis zu den Platt-füßen. Haben Sie eigentlich schon Altersflecken auf dem Rücken?»

Männer: Als Frosch oder als Birne altern?

Wir werden, um es ganz deutlich zu sagen: fett und lustlos. Wenn wir nicht gegensteuern, werden wir unaufhörlich und zwangsläufig dicker. Denn zwischen dem 30. und dem 40. Geburtstag verlieren wir etwa drei Kilogramm Muskel-masse. Der Fettanteil am Gewicht steigt entsprechend an. Schuld sind Hormone und mangelnde Bewegung.

Bei Männern kommt noch was dazu: Sie werden langsam weiblicher. Der männliche Körper neigt ab vierzig nämlich zu einer erhöhten Produktion des weiblichen Hormons Ös-trogen. Dadurch verändert sich die Fettverteilung. Die Hüf-ten werden runder. Wenn Männer um die vierzig nichts dagegen tun, können sie sich nur noch entscheiden, ob sie als Birne oder als Frosch älter werden. Als Frosch hätten sie dann immerhin dünne Beinchen zu einer üppigen Hüfte.

Besonders ab vierzig nehmen Männer eklatant zu, wie die «Nationale Verzehrstudie der Bundesregierung» von 2008 zeigt. Während nur gut jeder zweite Mann zwischen 30 und 39 Jahren übergewichtig ist und sogar nur 13 Prozent fettleibig, sind es bei den 40- bis 49-Jährigen 70,2 Prozent. Mehr als Zweidrittel sind also zu dick. Danach werden sie noch dicker, aber einen vergleichbaren Anstieg gibt es in keiner anderen Altersgruppe. Ist ja auch nicht mehr viel Luft nach oben.

Bei den meisten Vierzigjährigen reicht also ein Griff an die Hüfte oder an den Bauch, um zu merken: Du musst deinen Lebensstil ändern, sonst gehst du immer mehr auf. Auch ich möchte nicht zu den Vierzigjährigen gehören, die ihren Körper aufgeben und nur noch dabei zusehen, an welchen Stellen sie moppeliger werden. Auch nicht zu den vierzigjährigen Moppel-Ichs, die im Ägyptenurlaub lieber nicht auf die Pyramiden steigen, sondern unten im Schatten ein Bier zischen. Aber ich habe auch wenig Lust, bei jedem Essen Kalorien zu zählen und auf Beipackzetteln nach gesundheitsgefährdenden Inhaltsstoffen zu fahnden. Wie es mir dabei geht, hängt ganz von meiner Stimmung ab.

Wenn ich etwa beim zwanzigjährigen Klassentreffen ehemalige Mitschüler beobachte, geht es mir ganz gut. Die meisten haben bereits einen viel stattlicheren Bauch als ich, dazu dünnere Beine. Es sind also Birnen. Der einen oder anderen Birne hängt zudem die Gesichtshaut auch schon ein wenig herunter. Da kann ich mich durchaus sehen lassen. Leider gehe ich zu selten auf Klassentreffen.

Häufiger habe ich zuletzt Til Schweiger (42) gesehen. Und dann geht's mir weniger gut. Er ist noch etwas älter als ich und hat unbestritten einen knackigen Arsch und überhaupt kein Hüftgold. Das konnte man in seinem letzten Film gut beobachten. Das Sixpack auch. Früher war mir das egal, aber wenn ich heute so etwas entdecke und nicht gleich wieder ausblende, denke ich: Ich sollte gesünder leben – schließlich könnte ich auch so einen Hintern haben, und wahrscheinlich hätte kaum jemand, am wenigsten meine Freundin, etwas dagegen. Also esse ich erst mal ein paar Tage weniger und gesünder – und stelle mich alle zwei Stunden auf die Waage.

In so einer Til-Schweiger-Phase habe ich auch schon mal mit meiner Freundin (oder sollte man mit vierzig «Lebensabschnittspartnerin» sagen?) eine Diät gemacht: Low Carb, Glyx oder South Beach? Keine Ahnung, jedenfalls futterten wir die ganze Zeit Eier und Fleisch. Das war auf Dauer nichts für mich. Da treffe ich mich lieber mit einem ehemaligen Klassenkameraden. Zu Hause habe ich dann ein Meterband gesucht und meinen Bauchumfang gemessen. Dabei kam ich mir etwas komisch vor, aber ich hatte gelesen, dass er bei Männern unter 102 Zentimeter liegen sollte, sonst sei wirklich Schluss mit lustig. Das Ergebnis lag übrigens bestimmt über dem von Til Schweiger, aber auch unter 100.

Voller Euphorie habe ich gleich noch meinen persönlichen Body-Mass-Index bestimmt. Dabei ergab sich bei meiner Körpergröße von 185 Zentimeter ein Idealbereich von 71,9 bis 88,9 Kilo. So ein Mist! Ich wiege ziemlich konstant 92 Kilo. Das müssen genau die drei Kilogramm sein, die sich ab dem 30. Geburtstag von Muskeln in Fett verwandeln. Dauerhaft komme ich nicht davon runter. Aber es bleibt noch eine letzte Möglichkeit: Warten. Denn mit 45 Jahren vergrößert sich der Idealbereich. Dann kann ich endlich ungestört 92,4 Kilogramm wiegen.

Bis dahin halte ich mich an mein Wohlfühlgewicht. Das ist per Definition «ein individueller Gewichtsbereich, der durch den Körperbau und die genetische Veranlagung, den Hormonhaushalt und das Alter bestimmt wird». Meine Übersetzung dafür ist: «Du bist gar nicht zu dick.

92 Kilogramm ist genau dein Wohlfühlgewicht.» Und wenn mir Til Schweiger das nächste Mal seinen nackten Hintern zeigen will, schaue ich einfach weg.

Aber das funktioniert leider nicht immer. In meinen Til-Schweiger-Phasen kaufe ich mir auch Fitnessmagazine. Meine Absicht: mehr und gezielter Sport treiben. Empfohlen wird dort für mein Alter und mein leicht nach unten korrigiertes Gewicht: pro Woche 2000 Kalorien verbrauchen. Das sind etwa fünf Stunden Golf (kann ich nicht), drei Stunden Schwimmen (zu langweilig), ebenfalls drei Stunden Joggen oder Fußball sowie zwei Stunden Squash pro Woche. Wann soll man dafür Zeit haben? Und was kommt davon eigentlich noch ernsthaft in Frage?

Unser Sportverhalten hat sich nämlich ganz schön verändert. Meine Ex-Lieblingssportarten (Fußball, Tennis, Squash) kann ich allesamt nicht mehr regelmäßig betreiben, ohne vorher einen Termin beim Orthopäden einzuplanen. Erst waren es beim Squash nur Wadenkrämpfe, dann häuften sich Zerrungen oder Rückenschmerzen. Einmal konnte ich nach einem Kick auf der Stadtparkwiese nicht mehr ohne fremde Hilfe aufstehen. Später kamen bei uns Amateurkickern auch langwierige Verletzungen dazu: Hüftgelenksentzündungen oder Schulterbrüche. Vor ein paar Jahren und nach einem gebrochenen linken Arm habe ich mich endgültig vom Bolzen verabschiedet. Inzwischen schaue ich Fußball lieber im Fernsehen.

Kurz vor meinem 40. Geburtstag habe ich dann mit Yoga angefangen. Ausgerechnet so ein Frauensport! Natürlich bin ich der einzige Mann in dem Kurs. Nein, letzte Woche kam noch ein weiterer dazu, den ich mit Handschlag begrüßte. Natürlich kann ich als Einziger nicht die Figuren, die Kobra, Adler, Fisch und so weiter heißen. So richtig wohl fühle ich mich immer noch nicht dabei, die Augen zu schließen und mir ein Mantra anzuhören. Vom Mitsingen ganz zu schweigen. Zum Glück kommt manchmal eine Frau in den Kurs, die noch ungelenkiger ist als ich. Ich habe mir vorgenommen, sie beim nächsten Mal auch per Handschlag zu begrüßen.

Ich kenne inzwischen auch schon fast alle Sprüche und spöttischen Gesichtsausdrücke jüngerer Männer und Frauen: «Yoga? Mit Singen und Käsefüßen und so?» Tatsächlich ist Yoga eigentlich überhaupt nichts für mich, aber es ist das Einzige, das gegen meine Rückenschmerzen geholfen hat. Einmal pro Woche mit zehn barfüßigen Frauen mehr oder weniger plump hin und her zu rollen und in die Kerze zu gehen, bis der Nacken ganz fürchterlich heiß wird, tut eben gut – zumindest nachher.

No Sex, please!

Weil Männer ab vierzig weiblicher und moppeliger werden, geht auch ihre Testosteron-Ausschüttung zurück. Wer es genau wissen will: jährlich um ein Prozent. Die Folge: weniger Lust und Minderung der Potenz. Wer mit Männern in diesem Alter spricht, hat allerdings den Eindruck, dass ihre Lust um deutlich mehr als dieses eine Prozent pro Jahr abnimmt.

Viele von uns sind schon froh, wenn sie einmal pro

Woche, na ja: zweimal im Monat Sex haben: «Ich habe einfach nicht mehr so viel Lust wie noch vor zehn Jahren!». Oder: «Sex ist inzwischen eine ebenso große Herausforderung für meinen Körper wie für meinen Kopf: Klappt's oder klappt's nicht?» Oder: «Ach, wenn ich höre, dass eine Frau fünf Orgasmen in einer Nacht gehabt haben soll – mir ist zweimal hintereinander meistens schon zu anstrengend.»

Mein guter Freund P. sagte kürzlich: «Sag es bitte keinem weiter, aber wenn ich was getrunken habe, geht bei mir im Moment nicht mehr viel, genauer gesagt: eigentlich nichts.» Er habe dann zwar noch Lust, gerade Wodka mache ihn immer «extrem scharf», aber der Sex läuft eben nicht so, wie er es sich vorstellt – und vor allem seine Partnerin. Inzwischen weiß er das und lässt seine langjährige Freundin in Ruhe, wenn beide angetrunken nach einer Party nach Hause kommen. «Weißt du, ich habe inzwischen Morgensex für mich entdeckt», sagt P. und zählt die Vorteile auf: «Klarer Kopf, Zeitknappheit vor einem Bürotag, extrem hohe Erfolgschancen – und das Beste: Man ist schon im Bett.»

Und K. erzählte neulich in der Sauna: «Seit dem zweiten Kind läuft bei uns nicht mehr so viel. Wir arbeiten beide hart, das Baby schläft schlecht und noch dazu bei uns im Bett. Wir haben seit bestimmt einem Jahr nichts mehr miteinander angefangen», sagte er. Und nach einer kurzen Pause: «Meinst du, ich kann mich jetzt wieder als Jungfrau eingruppieren lassen?»

Angesichts der Flaute in unseren Schlafzimmern sagen wir uns dann: Sex wird heutzutage überbewertet! Das hätten wir aber vor ein paar Jahren noch nicht so behauptet, oder? Kein Wunder, da hatten wir ja noch viel mehr. Aber davon schwelgen wir nicht so gerne, denn das passt nicht zum Selbstbild der Männer ab vierzig.

Wie beim Sport glauben sie, auch beim Sex noch jeder Herausforderung gewachsen zu sein. Es muss nur alles stimmen und die Richtige kommen. Dabei stellen männliche Vierziger trotzdem immer häufiger fest, dass eine attraktive Frau Anfang zwanzig in einem Minirock kaum breiter als ein Gürtel an ihnen vorbeilaufen kann und sie gar nicht an Sex denken. Na ja, manchmal schon. Häufiger denken sie aber inzwischen: «Komische Mode, diese Gürtelröcke» oder ein wenig onkelhaft: «Könnte fast meine Tochter sein, oder?» Das ist uns vor ein paar Jahren garantiert noch nicht eingefallen.

Tatsächlich haben Männer im Alter zwischen zwanzig und dreißig Jahren den höchsten Testosteronspiegel, also am meisten Lust auf Sex. Danach sinkt der Level. Bei den 35- bis 40-Jährigen liegt er bei etwa sechs Nanogramm pro Milliliter, also nur noch im unteren Bereich der empfohlenen Bandbreite von sechs bis acht Nanogramm. Ab vierzig halbiert sich auch deshalb die Sex-Rate bei Männern. Während sie zwischen 31 und 40 laut einer Studie der Hamburger Universitätsklinik Eppendorf drei- bis sechsmal im Monat Sex haben, kommen sie im Alter zwischen 41 und 50 nur zwei- bis dreimal dazu.

In den siebziger Jahren hatten die deutschen Männer noch mehr als doppelt so viel Sex: Die 41- bis 50-Jährigen brachten es etwa auf sechs- bis zehnmal. Davon können wir nur träumen. Als Grund für den Rückgang gibt die

Hamburger Studie Stress durch die stärkere Belastung am Arbeitsplatz an. Dazu kommt: der Bierbauch. Männerbäuche machen nämlich lustlos. Das männliche Sexualhormon Testosteron im Bauchfett wird in weibliche Östrogene umgewandelt. Das Ergebnis: zu viele weibliche Hormone und damit weniger Sexualtriebe.

Der Körper von Vierzigjährigen hat noch eine Menge Informationen gespeichert, nur lassen sie sich nicht mehr so leicht abrufen wie noch vor ein paar Jahren. «Eigentlich weiß ich noch, wie ein Fallrückzieher geht», sagt Klaus. «Habe ich früher hundertmal gemacht.» Wenn er heute mit seinem achtjährigen Sohn und ein paar anderen Kindern und Vätern aus dem Viertel kickt und eine hohe Flanke in seinen Rücken segelt, erinnert sich sein Körper an die einzige Möglichkeit, die ihm in der Situation bleibt: Fallrückzieher!

«Während der Ball in der Luft ist, beginne ich aber zu überlegen. Vor allem denke ich darüber nach, wie ich wohl nach dem Schuss aufkommen werde. Was mache ich mit den Händen? Wo landet meine Schulter? Wenn ich Zeit hätte, würde ich zu meinem Freund Marcus am Spielfeldrand schauen. Er trägt seinen Arm noch in einer Schlinge. Langwierige Schulterverletzung vom letzten Herbst.»

Dann gibt es zwei Szenen in seinem Kopf. «Die Sonne steht tief. Ich steige zum Fallrückzieher hoch, der Ball kommt genau richtig, ich treffe ihn perfekt mit der Fußspitze und er landet im rechten oberen Eck. Der Torwart ist chancenlos, die Mitspieler klatschen mich bewundernd ab. Aber es gibt noch eine andere Szene, eigentlich eine Fortsetzung. Nach dem Schuss falle ich in Zeitlupe auf den Boden. In der Luft bin ich in eine leichte Schräglage geraten, weshalb ich mit Armen und Beinen strampele. Kurz vor dem Aufprall strecke ich die Arme aus und spüre etwas Hartes, Spitzes. Einen stechenden Schmerz in der Schulter.

Ich mache dann wieder die Augen auf und sehe, wie der Ball immer näher kommt. Er ist schon ziemlich nah, und ich müsste mich jetzt eigentlich schnell drehen und loslegen. Stattdessen bleibe ich wie angewurzelt stehen – und lasse den Ball an mir vorbei ins Aus rollen. Einwurf für die anderen. Ich atme trotzdem erleichtert durch. Wenigstens brauche ich keinen Arzt. Meine Mitspieler bemerken nichts davon. Sie haben offenbar gar nicht mehr mit einem Fallrückzieher gerechnet.»

Es sind solche Erlebnisse, die die Erkenntnis reifen lassen: Ich bin jetzt nicht mehr jung! Besonders Männer trifft das scheinbar unvorbereitet. Sie werden davon regelrecht überrumpelt. Dann sind sie häufig wochenlang ganz in sich versunken, seltsam mürrisch und lustlos. Darauf angesprochen, winken sie ab. «Ich habe einfach keine Lust, alt zu werden. Was soll daran gut sein?! Ich sehe nur diverse Schauplätze, an denen sich meine Chancen verkleinern: Job, Frauen, Sport, Whisky-Konsum pro Abend.» Sie wollen einfach noch keine Weißweinschorletrinker werden, selbst wenn das besser für den Magen ist. Sie wollen nicht schwimmen gehen oder Nordic-Walking-Stöcke kaufen, nur weil das die Gelenke schont.

Sie beginnen ihren Lebensstil und die alltäglichen Gewohnheiten zu ändern. Dann nehmen sie sich mehr Zeit für sich und ihren Körper und laufen etwa zweimal pro Woche bei jedem Wetter oder melden sich wieder im Fitnessclub oder im Tennisverein an. Sie wollen einfach nicht moppelig, grauhaarig und lustlos werden.

Es dauert dann eine ganze Weile, bis sie sich neu sortiert haben. Dann erscheinen sie mit frischen Ideen auf der Bildfläche. Dann haben die Vierziger wieder Distanz zu sich gewonnen und können ihre Zipperlein in eine mehr oder weniger lustige Geschichte verpacken. Der Tenor: «Wir werden halt älter, besonders in den letzten Jahren. Was soll's?!» Nach dieser Erkenntnis sind sie wie neu geboren oder zumindest ziemlich verändert. Dann kaufen sie sich eine Spielkonsole. «Ist für den Sohn», sagen sie dann. Und sitzen selbst den ganzen Abend vor dem World-of-Warcraft-Game oder üben Tennis-Aufschläge mit der Wii-Konsole von Nintendo. Sie hüpfen dann auf dem Parkett hin und her, geben alles und hoffen, dass die Nachbarn gerade nicht dabei zusehen.

Frauen: Als Ziege oder als Kuh altern?

Auch Frauen werden älter, besonders um vierzig. Dann nämlich meldet sich auch ihr Körper an allen möglichen Stellen und behauptet: Du bist keine 29 mehr, auch wenn du es gerne wärst. In der ersten Szene der TV-Serie «Forty-Something. Mit vierzig geht's bergab» steht eine Frau vor dem Badezimmerspiegel. Selbstbewusst sieht sie aus, wie sie sich da für ihren Job zurechtmacht. Bis sie sich an die Oberarme fasst. «Was tust du da?», fragt irritiert ihr Mann Paul (44), der von «Dr. House»-Darsteller Hugh Laurie gespielt wird. «Ich untersuche meine Oberarme – was mich nicht freut. Keine Frau über vierzig ist zufrieden mit ihren Oberarmen.»

Wissenschaftler kennen den Grund dafür: Wie alle Frauen ab 35 verliert sie jährlich 140 bis 170 Gramm Muskelmasse und lagert stattdessen Fett ein. Ab vierzig wird's dann noch schlimmer. Bei Frauen wird verstärkt Knochenmasse abgebaut, und das Hormongleichgewicht verschiebt sich. Dadurch verlangsamt sich der Stoffwechsel, und sie nehmen schleichend, aber unaufhaltsam zu. Dagegen hilft nur Absaugen (immer zu teuer) oder sehr viel Disziplin (meistens zu anstrengend).

Meine Freundin Andrea hat sich vor ihrem 40. Geburtstag auf Größe 36 heruntergehungert. Ihr simples, aber offenbar wirkungsvolle Rezept: «Mehr Rennen, weniger fressen!» In einer größeren Runde erklärte sie: «In meinem Alter muss man sich entscheiden: Will ich als Kuh alt werden oder als Ziege?» Irgendwie verstanden alle Frauen, was sie damit meinte. Kein Wunder, sie waren fast alle offiziell in der zweiten Lebenshälfte angekommen. Die meisten übrigens als Ziegen.

Dann erzählte Andrea von ihren Apfelbäckchen. Sie heißen bei Frauen um die vierzig nicht mehr so. Jetzt nennt sie die Kosmetikberaterin «Couperose». Hört sich irgendwie nach einer Krankheit an. «Das ist ganz normal in Ihrem Alter, aber Sie sollten etwas dagegen tun», sagt die Kosmetikberaterin und siezt meine Freundin penetrant weiter. Woher weiß sie das eigentlich? Vor dem Spiegel zieht Andrea manchmal ihre Wangenhaut auseinander, um ihre roten Äderchen zu zählen. Zum Glück sind die Adern seit letzter Woche nicht mehr geworden. Und zum Glück gibt es noch keinen neuen Fachbegriff.

Ihre Augenlider heißen neuerdings «Schlupflider», und der Mund ist von sogenannten «Minipli-Falten» umrahmt. Ihre Haut verliert Kittsubstanzen zwischen den Zellen: die Ceramide. So werden aus Fältchen Falten. Aber damit nicht genug: In ihrem Alter werden Kinn und Wangen formloser. Das will Andrea aber nicht zulassen, auf keinen Fall. Nicht in ihrem Alter. Auf ihrem Nachttisch steht neben einem Handbuch für Yoga eine beeindruckende Ansammlung von Nachtcremes bereit.

«Seit ein paar Jahren ist mein Kulturbeutel zu einem riesigen Sack angewachsen. Ich habe das Gefühl, dass ich eine Beauty-Managerin brauche, die die sachgerechte Verteilung der Cremes für mich organisiert», sagt sie. «Eine Zeitlang habe ich mir immer neue Augencremes gekauft und sie in meinen Handtaschen deponiert, um mir zwischendurch damit die Augen einzucremen – und manchmal auch die Lippen wegen der Minipli-Falten.» Zudem schwört sie seit längerem auf Anti-Aging-Cremes. Sie heißen «Repair», «Pro Age» oder «Age Re-Perfect». Vor kurzem ist sie auf ein Produkt umgestiegen, das der Hersteller ROC bewirbt mit: «40 ist ein tolles Alter, besonders wenn man aussieht wie 30». Zwischen 29 und 31 sieht Andrea auch ihr gefühltes Alter.

Ihre Freundin Julia (42) geht mit den Falten und Fältchen anders um. Sie versucht, sie irgendwie zu umarmen. Ganz genau beobachtet sie neuerdings, wie sich ihr Gesicht verändert: «Manche Falten gefallen mir inzwischen. Es sind solche, die ich auch bei anderen Menschen mag. Alle, die durchs Lächeln entstehen: an den Mundwinkeln aufwärts und unter den Augen.» Sie kann diese sogar ganz bewusst einsetzen. Andere Falten würde sie gerne vermeiden, besonders die zwischen den Augenbrauen, wenn sie sich konzentriert. Oder die Falte, die sich vom Mund nach unten zum Kinn zieht. «Hoffentlich bekomme ich nie diese Frustfalte, die Frauen immer einen so verhärmten Ausdruck verleiht. Aber an meinen epidermalen Gräben wird wohl auch die beste Hautcreme nicht mehr viel ändern. Oder doch?»

Julia kann sich noch ganz genau an den Tag erinnern, an dem sie sich das erste Mal alt fühlte. Es war der Nikolaustag vor drei Jahren. Das weiß sie noch so genau, weil sie, bevor sie zum Arzt ging, für ihre sechsjährige Tochter Lea ein paar Süßigkeiten und natürlich Mandarinen in die Schuhe im Treppenhaus stopfte. Schon immer hatte Julia das eine oder andere Muttermal am Körper. Regelmäßig ließ sie diese auch von ihrer Hautärztin untersuchen. Im Dezember vor drei Jahren hatte sie den Eindruck, es seien noch ein paar auf dem Rücken dazugekommen. Also beschloss Julia, mit ihrem gerade sechs Monate alten Baby namens Fritz zum Arzt zu gehen.

Ihre Hautärztin untersuchte sie eingehend. «Alles in

Ordnung», sagte sie und machte keine Anstalten, auf die vielen neuen Muttermale am Rücken einzugehen, die Julia im Spiegel glaubte entdeckt zu haben. Erst auf Nachfrage rückte die Ärztin damit raus. «Sie haben da ein paar Altersflecken. Stillen Sie erst mal ab und kommen Sie dann nochmal wieder. Dann dürften es noch ein paar mehr geworden sein.» Julia war geschockt. Altersflecken mit 39? «Ich dachte immer, dass diese Dinger mit sechzig oder so auftreten – und dann an der Hand. Aber doch nicht bei mir, nicht auf meinem Rücken und nicht in meinem Alter.» Julia ist nie wieder zu dieser Ärztin gegangen. Das war wirklich das Letzte, was sie hören wollte. Dabei ist das nicht einmal untypisch für ihr Alter. Die Talgdrüsen produzieren um vierzig weniger Fett, dadurch wird die Haut trockener und weniger elastisch. Es entstehen Falten und Altersflecken. Übermäßige UV-Strahlung und extreme Belastungen beschleunigen die Bildung von Falten und Altersflecken noch.

Besonders die zweite Schwangerschaft hat ihrem Körper zugesetzt: «Ich habe das Gefühl, dass mir dabei Vitalstoffe entzogen wurden, die ich nicht mehr so leicht zurückbekomme. Jedenfalls helfen da keine Obstsalate oder Vitamindragees mehr.» Seit der Geburt von Fritz vor drei Jahren ist nicht nur ihre Haut schlechter geworden, sie fühlt sich häufig schlapp und «irgendwie antriebslos». Auch wird sie seither häufiger krank. «Meine Abwehrkräfte sind offenbar ausgewandert. Früher hatte ich höchstens ein- bis zweimal im Jahr eine Erkältung. Inzwischen bin ich im selben Rhythmus wie mein Sohn und meine Tochter erkältet – oder leicht zeitversetzt.» Auch ihre Zähne sind poröser geworden. «Bis Mitte dreißig hatte ich ein Vorzeigegebiss. Jetzt habe ich offenbar überall Löcher. Jedenfalls hätte ich mir von den ganzen Brücken und Inlays in meinem Mund schon einen Smart kaufen können.»

Auch ihr Idealgewicht hat sie seither nie wieder erreicht. 52 Kilogramm ist nur noch eine Wunschvorstellung. Mit ihren paar Kilo zu viel auf der Waage steht Julia noch gut da. Fast 50 Prozent der Frauen zwischen 40 und 49 Jahren sind übergewichtig, davon knapp 19 Prozent sogar fettleibig. Das sind laut der Nationalen Verzehrstudie von 2008 immerhin gut 20 Prozent weniger als bei den Männern im selben Alter. Gerade um vierzig schnellt das Körpergewicht von Julia und Co. nach oben: Während nur gut jede dritte Frau zwischen 30 und 39 Jahren zu viele Pfunde auf die Waage bringt, ist es ein Jahrzehnt später bereits jede zweite.

Kein Wunder, dass Julia neuerdings ihre Wangen manchmal «schwammig» findet. Immer wieder muss sie an den Spruch ihrer Oma denken: «Bis du vierzig bist, hast du das Gesicht, das du geerbt hast, danach hast du das Gesicht, das du verdienst.» Ihre Oma hatte lauter solche Sprüche auf Lager. Sie sagte auch mal zu ihr: «Du musst dich entscheiden, wie du alt werden willst: Fett oder Falten.» Selbstverständlich wählte Julias Oma Falten.

Als sie ihrer Freundin Andrea von den Altersflecken als Nikolauspräsent erzählte, hörte diese ausnahmsweise mal aufmerksam zu. Dann platzte sie heraus: «Kenn ich, diese Mistdinger. Ich habe gerade zwei am Hals entdeckt. Bisher mach ich was drüber. Aber meinst du, man kann sie sich auch entfernen lassen?» Der Gedanke ist Andrea gekommen, als sie letzte Woche mit ein paar Freundinnen in ihrem Lieblingsclub war. Wie immer bestellten sie zwei Gin Tonic und zwei Manhattan. Irgendwann, es war schon weit nach Mitternacht, kam sie vom Tanzen zurück und setzte sich an den Tisch mit den halbleeren Getränken.

Nebenan: vier Mädchen in den Zwanzigern. Andrea dachte, dass sie und ihre Freundinnen vor ein paar Jahren in etwa so ausgesehen haben müssten. Sie fand sich dabei unglaublich hip und zeitgemäß, schließlich kannte sie noch die angesagten Läden, in die angesagte Girls von heute gehen. Zufrieden nippte sie an ihrem Gin Tonic und hörte in einer Musikpause den jüngeren Ausgaben von sich selbst am Nebentisch zu. Offenbar unterhielt man sich über sie. Dann hörte sie den Satz, den sie bis heute nicht so leicht aus dem Gedächtnis verdrängen kann. Eines der Mädchen deutete auf Andrea und sagte: «Jetzt kommen sie schon hierher, um zu sterben!»

Andrea ist gleich gegangen, ohne sich zu verabschieden. Sie hat ihren Freundinnen nie davon erzählt, aber seither besucht sie nicht mehr so häufig Clubs oder Bars. «Ich habe sowieso nur noch die Hälfte mitbekommen. Ich weiß auch nicht, aber in den letzten Jahren ist es mir schwergefallen, mich in Bars mit lauter Musik noch richtig zu unterhalten.» Selbst bei einem Essen mit Freunden bat sie immer häufiger den Gastgeber, etwas leiser zu drehen. Dabei mag sie Musik wahnsinnig gern. «Daran liegt's nicht», sagt sie zu Julia. «Ich glaube, es liegt eher an meinen Ohren.»

Vorher fand sie dieses Herumschreien super. «Alles klang viel wichtiger, wenn man laut reden musste.» Inzwischen unterhält sie sich lieber nur mit einer oder zwei

Personen – und zwar am besten in einer Privatwohnung und am liebsten ganz ohne Musik. «An solchen Sachen merke ich schon, dass ich jetzt eben vierzig bin.» Tatsächlich ist auch leichte Schwerhörigkeit eine Alterserscheinung, die bereits mit vierzig und nicht wie erwartet mit siebzig auftritt: Fast jeder Fünfte in der Gruppe der 40- bis 49-Jährigen hat Hörprobleme. Entscheidend sind hier Lebensgewohnheiten und Lärmbelästigung. Und Andrea hat ziemlich viel Zeit in Bars und Diskotheken verbracht. Heute geht sie eben in ausgesuchte Restaurants.

Wann fällt mein Arsch zusammen?

Frauen wissen mit vierzig längst, was ihnen guttut und was nicht. «Ich mache nicht mehr alles mit meinem Körper: alkoholische Exzesse, Nikotin-Infusionen, Schlafentzug – das alles erspare ich ihm und mir heute», sagt Julia. «Dafür gibt's besseres Essen und wohldosierte Bewegungseinheiten.» Das bedeutet, dass sie beinahe täglich vom Kindergarten ihrer Tochter wieder nach Hause joggt. Das ist keine große Strecke, etwa zwanzig Minuten. Früher hat sie noch Squash gespielt und gerudert. Heute bringt ihr Joggen mehr: «Es verfeinert die Wahrnehmung des eigenen Körpers und der Umgebung. Es hilft mir, nachzudenken, und es beruhigt.»

Kürzlich ist sie bei einem Stadtmarathon angetreten. Wie rund 5000 andere Teilnehmer hat sie sich eine Startnummer geben lassen – und ist losgelaufen. Sie musste dann feststellen, dass für ihre Altersgruppe eine nur neun

Kilometer lange Strecke vorgesehen war. Jüngere Frauen sind, als Julia längst im Ziel war, nochmal mindestens die gleiche Strecke gelaufen. Früher hätte sie das genervt, ja, sie hätte es als diskriminierend empfunden und mit den jüngeren Frauen mithalten wollen. Heute ist das okay.

Natürlich kennt sie noch den Kick von früher: vom Freeclimbing im Yosemite National Park oder von den Tiefschneeabfahrten in den französischen Alpen. Sie hat Arbeitskollegen, die in Unterwasserhöhlen im Roten Meer tauchen oder paragliden. Mit ihrem Mann war sie vor der Geburt ihres ersten Kindes selbst ein paar Mal auf den Malediven zum Tauchen. Jetzt geht sie am Wochenende in den umliegenden Wäldern oder in einem Wildpark an der Autobahn spazieren: Natur, frische Luft eben. «Man muss ja was finden, was man mit Kids machen kann», sagt sie. Und dass sie ihre körperliche Balance langsam gefunden habe.

Frauen sind ganz gut auf die ersten Alterserscheinungen vorbereitet. Wie Männer bemerken sie mit vierzig, dass sie unwiderruflich älter werden. Nur gehen sie damit oft entspannter um. Nicht dass es ihnen leichtfällt, aber sie sind einfach weniger überrascht, wenn sie feststellen, dass sie nicht mehr jung sind, aber auch noch nicht alt.

Kein Wunder, fürchten sie doch schon, seit sie achtzehn sind, dass es anfängt. Mütter, große Schwestern, Freundinnen, Hollywoodfilme, Kosmetikanzeigen und der Blick der Männer haben ihnen immer wieder gesagt: «Bald geht's los, auch bei dir, meine Liebe!» Frauen werden viel früher mit ihrem Körper und seinen altersbedingten Veränderungen konfrontiert: «Zum hunderttausendsten Mal steht in der

Zeitung, dass bei Frauen mit fünfundzwanzig die Ärsche zusammenfallen», schreibt etwa die Journalistin Friederike Knüpling in der Zeitschrift «Neon», die für Mittzwanziger gemacht ist, aber von jeder Menge Vierzigjährigen gelesen wird. Dann rennt sie vor den Spiegel, um sich zu überprüfen. Dabei ist sie noch längst nicht vierzig.

Auch die Zeitschrift «Brigitte Woman. Das Magazin für Frauen über 40» bleibt beim Alter überraschend locker. Es wirbt mit provozierenden Zeilen: «Ab 40 baut man … ab», «Ab 40 ist es zu spät …», «Ab 40 legt man … zu» und «Ab 40 hat man Komplexe». Erst im Kleingedruckten wurden die schockierenden Äußerungen aufgelöst: «Ab 40 baut man Freizeitstress und Termindruck gelassen ab», «Ab 40 ist es zu spät, seine Zeit mit Selbstzweifeln zu verschwenden», «Ab 40 legt man sich eine beneidenswerte Gelassenheit zu» und «Ab 40 hat man komplexe – männliche Wesen längst durchschaut».

Älterwerden steht für Souveränität, Gelassenheit, Lebenserfahrung. Klingt toll! Trotzdem ist dieselbe Zeitschrift voller Kosmetiktipps und Anti-Aging-Ratgeber. Dabei geht es meistens darum, das Alter zu verschieben. Oder wie es Iris Berben in der Anzeige für die Anti-Falten-Creme aus der gesunden Rotbuche ausdrückt: «Älter werde ich später!»

Dabei stört es Frauen nicht besonders, wenn die Haare grau werden und die Falten zunehmen – zumindest nicht in Deutschland. Anders als etwa in den USA, wo auch Vierzigjährige noch wie Teenies aussehen sollen und graue Haare ein Zeichen für Armut sind, wollen deutsche Frauen «natürlich altern». Das ergab zumindest eine neue Studie, bei der 500 Frauen zwischen zwanzig und siebzig befragt wurden. In keinem anderen Land sind Frauen bei ihrem Streben nach Schönheit so sehr auf Gesundheit und Natürlichkeit bedacht wie bei uns. Sie versuchen jedenfalls, breiten Hüften und Cellulite erst mal mit einer Extraportion Sport beizukommen.

Erst wenn das nichts mehr hilft, dürfen Cremes und Lotionen ran. Dabei vertrauen sie mehr als alle anderen auf natürliche Inhaltsstoffe wie Algen, Aloe Vera oder eben Rotbuche. So wirbt etwa Iris Berben auf doppelseitigen Anzeigen für «eine aufpolsternde Faltenpflege mit Pro-Xylane». Das klingt erst mal sehr medizinisch, bis herauskommt, dass der Wirkstoff aus der Rotbuche hergestellt wird. Zwischen Fotos von sattgrünen Blättern und Bäumen ist zu lesen, dass die Creme angeblich die «natürliche Collagen-Produktion» fördere.

Das sehen etwa die französischen Frauen ganz anders. Sie unterstreichen im Alter ihre Weiblichkeit – und dafür ist ihnen nichts zu teuer. Deutsche Frauen interessieren sich nur für Pflegeprodukte mit besonderen Technologieformeln, wenn sie besonders glaubwürdig klingen – und wenn das Preis-Leistungs-Verhältnis stimmt.

Mit ein paar Cremes, eiserner Disziplin vor dem Kühlschrank und gezielten chirurgischen Eingriffen gelingt es immer mehr Frauen gerade in Großstädten, ihr Aussehen zu konservieren: etwa zwischen 29 und 33. Auch modisch unterscheidet diese selbstbewussten Alphafrauen nicht viel von zehn oder fünfzehn Jahre jüngeren. Vor vierzig Jahren noch waren die meisten mit vierzig verheiratet, hatten zwei oder mehr Kinder und waren etwas runder um die

Hüften. Sie hatten praktische Frisuren, trugen Flanellröcke und bequeme Schuhe. So sahen sie keinesfalls aus wie Mitte zwanzig. Und vor achtzig Jahren waren die meisten vierzigjährigen Frauen längst Großmütter.

Heutige Alphafrauen machen erst mal Karriere – und entscheiden sich dann vielleicht mit vierzig noch für ein Kind. Noch vor zehn Jahren wurde vierzig von vielen Medizinern als kritische Grenze für Schwangerschaften angeführt. Heute scheint das kein Thema mehr zu sein. Das nutzen viele aus. Sie haben erst Karriere gemacht und kümmern sich jetzt um den Nachwuchs. Nach dem ersten Kinderschub rund um den 25. Geburtstag gibt es jede Menge Vierziger, die gerade ein Kind bekommen.

Wie meine Freundin Bettina, Teamleiterin bei einem Textilhersteller. Sie wurde kürzlich mit fast 42 Jahren Mutter. Als sie hörte, dass sie zum ersten Mal schwanger sei, wusste sie, dass das ihre letzte Chance war. Nach einigen Fehlgriffen hatte sie endlich einen Mann gefunden, mit dem sie sich ein Kind vorstellen konnte. Stolz zeigten die beiden die ersten Ultraschallaufnahmen der Kleinen. Zuerst wussten Papa und Mama kaum, wo oben und unten und wo der Kopf ihres Babys ist.

Inzwischen ist ihre kleine Tochter auf der Welt. Ein bisschen zu früh: Sie lag sechs Wochen im Brutkasten, mit Schläuchen in Nase und Mund. «Jetzt kann sie schon husten und lachen – und noch besser schreien», erzählt Bettina. In ihrer Krabbelgruppe ist Bettina die Älteste: «Ich habe bisher noch kein Problem damit, dass ich mit meinen grauen Schläfen schon mal als Oma angesprochen werde.»

Manche Männer würden bestimmt gerne wissen, warum

Frauen weniger vom Alter überrascht werden. Denn ihnen fehlt diese Gelassenheit. Bei Männern sieht Älterwerden ganz anders aus. Sie stemmen sich dagegen. Männer wollen die Veränderungen ihres Körpers einfach nicht wahrhaben. Statt ein wenig kürzerzutreten, denken sie: Jetzt erst recht! Das zeigt etwa «Best Life. Das Magazin für Männer, die ihren Erfolg leben». Im Vergleich zu «Brigitte Woman» wirkt es in seinem Hang zu Fitness, Muskelmännern ohne Oberbekleidung und Extremsportarten eher bemüht. Bei Männern ab vierzig geht es offenbar darum, besser zu werden: «ein besserer Vater, Liebhaber, Chef». Die Reihenfolge kann jeder selbst bestimmen, aber das Ziel ist klar: eine dauernde Optimierung der Persönlichkeit, die wenig mit Gelassenheit zu tun hat.

Auf dem Titel von «Best Life» wurden in den letzten Jahren immer wieder Ansprüche an die Männer von heute formuliert. Ab vierzig sollen sie noch fitter werden («Muskeln wie ein Model»). Sie sollen dabei auch schlauer werden («Wie kluge Männer Muskeln verlieren») und sich dank «Best Life» immer besser mit Frauen auskennen («Muskeln, die Frauen faszinieren», «Outfits, in denen uns Frauen sexy finden», «Was Frauen vor dem Sex hören wollen» und «Was Männer über den Orgasmus von Frauen wissen müssen»). Dazu sollen sie auch noch tolle Väter sein («8 Regeln für perfekte Väter»). Bei all diesen Verbesserungen haben sie noch Zeit, Marathon zu laufen oder zu biken, und dürfen natürlich nicht krank werden («Nie mehr Rückenschmerzen»). Das hört sich nach viel Programm an, wahrscheinlich zu viel.

Eine Anzeigenkampagne wie jene von «Brigitte Woman», die mit dem Alter spielerischer umgeht, wäre bei «Best Life» oder einem anderen Männermagazin undenkbar. Weit und breit keine älteren Männer. In dem «Magazin für den Mann ab 40» gab es gutgebaute, gutsituierte, häufig deutlich jüngere Männer mit gutem Geschmack und noch besser trainiertem Körper. Alle sind sie auf neue, besonders extreme Erfahrungen aus. Männer sind laut «Best Life» nicht älter und schon gar nicht alt, sondern auf immer und ewig jungdynamisch. Das ist nicht einmal untypisch für die männliche Sichtweise auf den Körper: Männer gehen dem Thema eben aus dem Weg. So hatte die Zeitschrift «Best Life» bei einer ähnlich großen Zielgruppe nicht einmal ein Fünftel der Auflage von «Brigitte Woman». Inzwischen wurde «Best Life» sogar eingestellt. Männer wollen vom Altern offenbar lieber gar nichts wissen.

Anstatt auf die Symptome ihres Körper zu achten und ihr Verhalten zu ändern, hören sie lieber weg – und reden sich dann was ein: «Stell dich nicht so an! Das ging doch bisher auch. Ist bestimmt morgen wieder vorbei.» Das war ja auch bisher so. Aber mit vierzig eben immer öfter nicht mehr. «Gerade Männer in diesem Alter hören nicht auf die Signale ihres Körpers», sagt der Medizinjournalist Michael Prang. Bisher hat ihr Körper immer wunderbar funktioniert. Sie konnten ihm alles Mögliche zumuten: viel Arbeit, viel Sport, viele Partys. Er machte alles mehr oder weniger problemlos mit. Mit einem Mal will er nicht mehr.

In den meisten Fällen verläuft dieser Prozess aber gerade bei Männern schleichend. «Mit vierzig passieren Dinge im Leben vieler Männer, die ihre Art zu leben nachhaltig verändern», sagt Prang. Beruflich befinden sie sich in diesem

Alter auf dem Höhepunkt. Viel mehr können sie häufig nicht erreichen. Auch familiär geht vielleicht alles seinen Gang: ein oder mehrere Kinder, Haus oder Wohnung und gesellschaftliche Verpflichtungen.

«Gleichzeitig geht aber mit dieser Konsolidierung ein Imageverlust einher. Sie haben vielfach ihr altes Leben Kind und Kegel geopfert.» Immer öfter musste der Sport mit dem besten Freund ausfallen, weil das Neugeborene Durchfall hatte. Oder der Motorradausflug mit dem Kumpel wurde wegen des ebenfalls fälligen Familienausflugs verkürzt. Im Jahr darauf fiel er dann ganz aus: «Wenn die Kinder aus dem Gröbsten raus sind, bin ich auf jeden Fall wieder dabei!»

«Damit setzt ein Teufelskreis ein», sagt Prang. «Männer bewegen sich in diesem Alter nicht nur weniger, sie ernähren sich auch schlechter und trinken mehr oder zumindest regelmäßiger Alkohol.» Das kennt Prang nur zu gut. Er hatte nie Probleme mit dem Blutdruck, aber mit vierzig war er plötzlich zu hoch, «quasi von einem Tag auf den anderen». Es war nicht wirklich schlimm, aber er musste erneut sein Leben umstellen.

Angefangen hat er damit, mehr Salat zu essen – und zwar bei jeder Gelegenheit. Viele Vierziger schwören auf Salat – und zwar mehr als nur das Beilagen-Häufchen im Restaurant. Er ist ihre Ersatzreligion. Um dem Körper auch mal etwas Gutes zu tun, probieren sie Gerichte mit viel Gemüse aus und lassen die fette Soße weg. Ist ja eigentlich auch gar nicht so lecker! Längst gibt es auch die entsprechenden Restaurants. Dort gibt's überhaupt keine Soße, dafür umso mehr Salate. Oder eben eine Gemüsesuppe. Wenn unsere

Eltern zu Besuch kommen, fällt uns das sofort auf. Denn sie fragen vergeblich nach der Bratensoße oder dem Rahmgeschnetzelten.

Kein Wunder, dass bei den Vierzigern die Kochbücher von Jamie Oliver auf dem Fensterbrett in der Küche liegen. Der britische Star-Koch schüttet über seine Gerichte ganze Eimer voll Gemüse und Kräuter. Auch der ähnlich beliebte Hamburger TV-Koch Tim Mälzer steht ihm in dieser Richtung wenig nach. Die beiden haben viele Vierziger dazu gebracht, dass sie Karotten in mundgerechte Sticks schneiden und Bohnen zupfen, anstatt Currywurst mit Pommes zu essen. Das mit den Karotten kommt auch den Kindern zugute. Der ernährungsbewusste Vierziger schneidet mehrmals täglich Bio-Karotten oder Äpfel (natürlich aus dem Umland) in handliche Stücke und setzt sie dem Nachwuchs vor. Manchmal ertappen sie sich dabei, wie sie Apfelstücke schneiden – auch wenn sie mal ohne Kinder ins Kino gehen. Ein paar Vitamine bleiben so immerhin hängen. Aber offenbar nicht genug.

Zu wenig Karotten, viel zu wenig Sport, viel zu viel Nikotin, Alkohol und Stress – mit vierzig zeigen sich die Folgen: Das Immunsystem ist geschwächt, die Infekt-Anfälligkeit nimmt zu. Das ist der Grund dafür, warum wir neuerdings pro Winter mindestens dreimal an Grippe und zweimal an hartnäckigen Erkältungen laborieren. Wir lassen uns schon impfen, futtern so viele Äpfel, wie wir vertragen, oder schlucken Vitaminpräparate, obwohl wir wissen, dass diese nichts helfen.

Wer Kinder hat, bekommt noch ein paar besonders widerstandsfähige Viren frei Haus geliefert. Diese vermehren und verändern sich offenbar in der Schule oder im Kindergarten zu hartnäckigen «Killerviren», die es mit jedem gesunden Vierzigjährigen spielend aufnehmen. Wenn dann noch wenig Schlaf dazukommt, weil eines der Kinder erkältet ist und schlecht schläft, kann es schon sein, dass wir den ganzen Winter über mit Tempo-Taschentüchern in der Manteltasche herumlaufen oder schon eine ganz taube Zunge haben von all den gelutschten Hustenbonbons.

Manchmal haben wir den Eindruck, dass wir weniger fit sind als unsere Eltern – als sie so alt waren wie wir. Ich kann mich jedenfalls an keine Krankheit meines Vaters erinnern, außer einer üblen Muschelvergiftung im Spanien-Urlaub. Dafür weiß ich noch genau, wie meine Mutter bei brütender Hitze auf dem Tennisplatz im Tie Break des dritten Satzes trotz Wadenkrämpfen noch eine Schippe drauflegte. Danach hat sie vor dem Clubhaus auf der Terrasse ihren Elektrolythaushalt mit Bier oder Weißweinschorle aufgefüllt. An ihren schrecklichen Muskelkater am nächsten Tag hat sie dabei nicht gedacht.

Wir betreiben stattdessen Schonsportarten wie Yoga oder Schwimmen und füllen nachher unseren Körper sachgerecht mit Powerdrinks oder Apfelsaftschorle auf – und sind trotzdem häufiger neben der Spur als sie. Hin und wieder denken wir sogar, dass unsere Eltern eigentlich auch heute noch besser in Form sind als wir – und seltener krank werden. Dann nehmen wir lieber noch eine Esberitox-Tablette und spülen sie mit einem kräftigen Schluck Umkaloabo herunter – gegen die nächste Erkältung.

Auf Partys unterhalten wir uns immer seltener über die neue angesagte Band aus London und immer häufiger über

Tinitusse und Hexenschüsse. «Nicht schon wieder diese Opa-Themen», sagt dann einer und wechselt schnell das Thema. Manchmal hat man den Eindruck, als ob wir alle Hypochonder sind und uns ständig neue Krankheiten ausdenken. Jedenfalls werden wir, was Ärzte angeht, immer mehr zu Experten. Dabei gehen wir unter Gleichaltrigen ganz ungeniert vor: «Kannst du mir einen guten Urologen empfehlen? Du weißt schon.» – «Klar, ich bin mit meinem schon ganz gut befreundet, so oft bin ich da. Wenn es dich nicht stört, dass er enorm viel Ähnlichkeit mit Dieter Bohlen hat, gebe ich dir gerne die Adresse.» Besonders hoch im Kurs stehen bei Vierzigern Orthopäden. Für einen guten Tipp in dieser Richtung würden wir sogar – wie bei Wohnungen in begehrten Lagen – kleinere Geldbeträge hinblättern.

Seit ich einer Kollegin kürzlich meine neueste Entdeckung verraten habe, grüßt sie mich ganz freundlich auf dem Flur. Ganz hingerissen war sie, als sie hörte, dass dieser Orthopäde auch die Starkicker einer Bundesligamannschaft betreut – oder vielleicht auch nur irgendwann betreut hat. Vorher hat mich die Kollegin kaum wahrgenommen. Jetzt kommt sie beinahe täglich gutgelaunt in mein Zimmer, um mich in Gespräche über ihren Rücken oder andere Körperteile zu verwickeln.

Damit meint sie leider ausschließlich die medizinische Seite. Den ersten Termin hat sie zwar erst in acht Monaten – sie ist Kassenpatientin. Aber das ist ja noch mehr als genug Zeit, von ihrem chronischen Hüftleiden zu berichten. Inzwischen sind wir, zumindest ihrer Meinung nach, schon so vertraut, dass sie sogar von ihrem Vaginal-Herpes erzählt. Rein medizinisch, versteht sich. Wir Vierziger werden immer schamloser bei unseren Krankheiten.

Die Einschläge kommen näher

Neben all den Zipperlein tauchen langsam auch chronische Krankheiten auf. So wird ein Freund seit einem Jahr von einem unablässigen Fiepen im Ohr geweckt, das den ganzen Tag über anhält. «Der Ton ist allgegenwärtig», sagt er, «er begleitet mich überallhin.» Dann geht Thomas erst mal aufs Klo und macht ein paar Brummtöne, damit das Fiepen wenigstens zeitweise verschwindet. Das hat er bei seiner ersten Kur gelernt.

Anfangs hat er gar nicht auf das Fiepen gehört. «Wer rechnet denn schon mit so was? Doch nicht in meinem Alter!» Bei der Kur in einer Spezialklinik in einer hessischen Kleinstadt hat er gemerkt, dass es noch viele andere gibt mit Tinnitus – und zwar in seinem Alter. Sie trugen wie er lässige T-Shirts mit lustigen und weniger lustigen Aufdrucken und G-Star-Jeans mit Kniepolstern. «Bei Kurgästen hatte ich immer gebrechliche Leute mit Gehhilfe vor Augen, die sich bei einer pummeligen Krankenschwester eingehakt haben und vom Krieg erzählen», sagt Thomas heute. «Stattdessen saß ich mit ein paar Gleichaltrigen am Tisch und musste mich daran gewöhnen, dass es schon um 17.30 Uhr Abendessen gab. Schnittbrot mit Scheibletten-Käse und Gurkenscheiben oder «Kartoffelsuppe mit Fleischeinlage». Seither ist «Fleischeinlage» sein Lieblingswort.

Auf so etwas hat er vor ein paar Jahren, ach was: Monaten, noch keinen Gedanken verschwendet. «Wieso auch? Ich war gefühlte 29 Jahre und topfit.» Inzwischen hat er seinen Alltag umgestellt: Er geht jetzt ins Fitnessstudio. Dort macht er «viel Geräte und danach noch mehr Sauna». Dabei hat er die leicht angeschwitzten Holzbohlen und die quälend heißen Holunder-Vanille-Latschenkiefer-Aufgüsse immer gehasst. Aber er verspricht sich davon, wie er sagt, «ein allgemeines Wohlfühlen im Körper». Solche Wörter benutzt er erst, seit er wie viele von uns Ratgeber liest. Das Fiepen im Ohr wird davon so schnell nicht weggehen. Das ist ihm klar.

Auch Mark (42), den Thomas schon seit der Schule kennt, hat es neulich erwischt. Am Anfang hatte er nur ein Ziehen in der Brust gespürt und sich wieder hingelegt. Kein Problem, er wollte sich eh ausruhen vor seinem wichtigen Tag im Büro. «Erst mal eine rauchen», dachte er sich und steckte sich eine filterlose Lucky Strike an. Aber die Schmerzen in der Brust sind davon nicht verschwunden. Als er auf den Balkon ging und ihm schwindlig wurde, erzählte Mark seiner Freundin davon. «Wird schon nicht so schlimm sein», sagte sie zu ihm. «Leg dich mal hin. Ich sag den Termin mit dem Kunden ab, oder?»

Erst als Mark gar nicht mehr aufstehen konnte und es nicht allein aufs Klo schaffte, riefen sie den ärztlichen Notdienst an. Nach etwa dreißig Minuten kam ein Arzt die Treppen hochgeschlurft. Als er den Blutdruck gemessen hatte, verständigte er sofort den Krankenwagen, der Mark mit Blaulicht ins nächste Krankenhaus fuhr. Dort erklärte man ihm, dass er gerade mehrere Herzinfarkte erlitten habe. «Sie haben Glück, dass sie noch leben.»

Herzinfarkt? Das war das Letzte, an das Mark mit 42 Jahren gedacht hat. Dabei ist der berufliche Stress in seinem Alter auf dem Höhepunkt. Das steigert die Wahrscheinlichkeit, einen Herzinfarkt zu erleiden. Zudem raucht, trotz aller Verbote in Büros, Kneipen, Zügen und Ämtern, immer noch ein Drittel aller deutschen Männer. Damit steigt das Risiko für Gefäßverengungen und damit für Herzinfarkte deutlich. Seit diesem Vorfall hat Mark natürlich aufgehört, auch wenn es alles andere als leicht war. Noch immer kleben an manchen Tagen drei Nikotinpflaster an seinem Körper. Und noch immer vergisst er, sie abzupulen.

Am Ende des Tages, wenn wir allein mit unserem Kuscheltier im Bett liegen, wissen wir: Unser Körper verändert sich. Die Beine werden schwabbeliger, der Hintern weniger fest, die Haare grauer und die Brille dicker. Wir ahnen, dass wir uns mitten in einer Übergangsphase befinden. Das kennen wir noch zu gut aus der Pubertät. Ähnlich wie damals als Teenager müssen wir jetzt auf die Kapriolen unseres Körpers reagieren – nur diesmal sind es keine Pickel und kein Stimmbruch, sondern Nasenhaare und Cellulite.

Wie in der Pubertät vergleichen wir uns erst mal mit Gleichaltrigen: Was haben sie noch drauf? Warum sieht die noch so jung aus? Warum ist er ständig krank? Und warum hat sie noch einen strammen Hintern, obwohl sie drei Monate älter ist als ich? Dann ziehen wir Schlüsse daraus – und hoffen, dass wir seit der Pubertät genug Erfahrung gesammelt haben und heute angemessener auf den Schlamassel reagieren. Nein, wir hoffen das nicht nur, wir gehen davon aus. Immerhin ist uns nicht mehr so viel peinlich wie damals. Und wir wissen inzwischen, dass wir an unseren Fehlern arbeiten müssen. Es reicht einfach nicht mehr, nur die Stärken zu pflegen.

Deshalb gehen wir wieder häufiger ins Fitnessstudio. Oder zweimal die Woche joggen (jetzt mit Stretching vorher und nachher). Oder 1000 Meter schwimmen (obwohl wir das Kachelzählen eigentlich langweilig finden). Sogar im Büro versuchen wir es bei Müdigkeit immer öfter nicht mehr mit einer Tasse Kaffee aus dem Automaten, sondern mit Yoga. Dann trainieren wir den Sonnengruß oder den Löwen im Sitzen. Nicht ohne vorher die Tür zu schließen.

Die Liebesrealisten

Es ist noch nicht so lange her, vielleicht zehn Jahre, da fiel meiner Freundin Kerstin bei einem Dinner auf, dass nur noch Pärchen am Tisch saßen. Zum ersten Mal! Alle waren schon seit mindestens zwei Jahren zusammen. Ganz selbstverständlich planten sie gemeinsame Wohnungen, gemeinsame Kinder oder gemeinsame Urlaube: Thailand, Mallorca, Malediven, Harz. «Schon komisch», sagte die Gastgeberin, selbst zum ersten Mal in einer Art festen Beziehung, «kein Single mehr! Was ist nur los mit uns? Wird das jetzt so weitergehen mit den Pärchentreffen? Werden wir in zehn, zwanzig Jahren noch in der gleichen Runde zusammensitzen und Nudeln mit Pesto essen. Wie langweilig, aber von mir aus gerne!»

Wir überlegten uns, was es zehn Jahre später wohl zum Dinner gäbe. Würden Woks immer noch modern sein? Isst keiner mehr Fleisch und stellen die Grünen die Kanzlerin? Wir zeichneten Skizzen, wie die Paare am Tisch aussehen könnten. Alle wurden in unserer Phantasie etwas moppeliger, die Frauen um die Hüften, die Männer um den Bauch. Wir überlegten, ob wir alle Kinder haben würden? Und wie sie heißen könnten: Carla, Max oder Josefine?

«Wartet mal ein paar Jahre ab», unterbrach uns der Lebensgefährte einer Freundin. Michael war Psychotherapeut und als Einziger schon damals über vierzig, geschieden, zwei Kinder von zwei Frauen. «Dann werden hier wieder Singles sitzen. Natürlich auch Pärchen, aber nicht unbedingt dieselben wie heute.» Klang interessant, aber wir waren uns fast sicher, dass die Besetzung am Tisch dieselbe sein würde, nur mit schlechterer Figur und teurerer Frisur. Aber das ist das Wissen der Dreißigjährigen.

Heute sind tatsächlich nur noch zwei Paare zusammen. Julia und Andreas haben kürzlich das zweite Kind bekommen. Seit Julia wieder arbeitet und ein Paartherapeut ihre Ehe «saniert» hat, läuft es wieder «ziemlich rund». Ihre beste Freundin Karin lieferte sich stattdessen jahrelang einen Ehestreit nach dem anderen mit Max. Entspannter wurde es erst, seit Karin eine Affäre mit einem etwas jüngeren Mann angefangen hat, den sie im Kindergarten ihrer Tochter kennengelernt hat.

Die Gastgeberin Kerstin hat sich bereits kurz nach dem Pärchen-Dinner vom «Mann ihres Lebens» getrennt. Seither hatte sie wenige kurze Affären, zog sich eine Zeitlang immer mehr in ihre Wohnung zurück. Inzwischen sucht sie über die Partnervermittlungs-Agentur Parship nach einem Typen, der zu ihrem Leben passt. Ihr Exfreund – der von gemeinsamem Wohnen, Heiraten, Kindern nichts wissen wollte – hat letztes Jahr geheiratet und kurz darauf sein erstes Kind bekommen. Marcus versteht sich aber immer noch gut mit Kerstin. Sein Geschäftspartner Martin hat sich nach der endgültigen Trennung von seiner Langzeitbeziehung mit zwei viel jüngeren Frauen eingelassen.

Seit gut einem Jahr wohnt er bei Maren, einer alleinerziehenden Mutter zweier Kinder. An den Wochenenden kommt noch seine eigene Tochter Chiara dazu.

Zuletzt noch Marie, Kerstins beste Freundin. Sie ist nach dem Ende ihrer Ehe extrem auf ihre Unabhängigkeit bedacht. Sie hat das eine oder andere Verhältnis zu jüngeren Männern, lässt sich ansonsten aber auf nichts Festes ein. Seit Jahren begeisterte Single, macht sie Karriere und versteht heute gar nicht mehr, warum Frauen und Männer überhaupt zusammenleben sollten. An Beziehungen kann man laut Marie nicht arbeiten: «Was soll das sein: Beziehungsarbeit? Wenn die Liebe weg ist, bin ich auch weg.»

In der Liebe ist es also ziemlich kompliziert geworden in den letzten zehn Jahren. Es gibt bei uns inzwischen alle möglichen Spielarten des Zusammenlebens, diverse Möglichkeiten des privaten Glücks – oder auch Unglücks: Familien mit Kindern und ohne. Glückliche Ehen und Fassaden-Ehen. Glückliche und unzufriedene Singles. Patchwork-Familien und Spielplatz-Väter, Hausmütter, Hausväter, Fernbeziehungen, Dreiecksgeschichten, Alleinerziehende und Gelegenheits-Fremdgeher. Eigentlich sollte für jeden was dabei sein.

Aber welche Form der Liebe ist die richtige? Welche der Spielarten passt zu mir? Antworten darauf kann eigentlich nur unser Beziehungsgedächtnis geben. Es speichert alle vergangenen Lieben – und das sind bei uns einige. Vierzigjährige haben laut Statistik sieben ernsthafte Beziehungen durchlebt. One-Night-Stands oder Knutschen bei der Weihnachtsfeier ausgenommen. Alle diese Beziehungen stecken noch in uns drin und erklären auch, wie wir uns gegenwärtig verhalten.

Wer sich mit Vierzigern unterhält, findet kaum einen, der nicht über einschneidende Erfahrungen aus Beziehungen berichten kann und darüber, was diese bei ihm ausgelöst haben. Der Exfreund hat sie mit der besten Freundin betrogen? Schon ist sie beim neuen eifersüchtig und kontrolliert seine SMS. Mit der Ex hat es beim Sex nicht besonders gut geklappt? Schon erwartet er das auch bei der Neuen. «Gemeinsame Wohnung? Nicht mit mir, da habe ich schlechte Erinnerungen.» So prägen die letzten Beziehungen die Spielregeln für die neue. Nach und nach baut unser Beziehungsgedächtnis Schutzmechanismen auf: Es lernt aus Erfahrungen und aus Kränkungen. Niemand will zweimal oder dreimal oder viermal denselben Fehler machen.

Spätestens mit vierzig nicht. Dann haben wir nämlich genug erlebt, um endlich herauszufinden, was wir wirklich wollen. Deshalb stellen sich gerade jetzt viele ihrer Vergangenheit. Darum nimmt Marcus nach Jahren wieder Kontakt zu seiner Exfreundin auf, der er jahrelang höchstens zum Geburtstag per SMS gratuliert hat. Oder Marie geht zum Klassentreffen, um sich dort mit dem Mann zu unterhalten, mit dem sie das erste Mal Sex hatte. Beide versuchen etwas über den aktuellen Aggregatzustand ihrer Liebe herauszufinden, Muster ihrer Liebesoptionen zu entdecken.

Wir ahnen dabei, dass wir das nicht allein herausfinden können. «Ich glaube nicht, dass ich meine frühere Beziehung besser verstehe, wenn ich ein halbes Jahr über sie nachgedacht habe», sagt Martin. «Die Frage ist doch eher, wie ich die nächste Beziehung nutzen kann, um die vorhergehenden Beziehungen besser zu verstehen. Dann mache ich auch nicht immer dieselben Fehler.» So hatte er nach seiner Scheidung erst mal zwei Affären mit viel jüngeren Studentinnen. Erst dadurch hat er offenbar herausgefunden, was er eigentlich will: ein Familienleben.

Aber anders als in der ersten Runde mit zwanzig können die Ausgangspositionen beider Partner mit vierzig extrem weit auseinanderliegen. Sie kommt gerade aus einer zehnjährigen Beziehung und will jetzt einfach nur ihren Spaß; er hat es in den letzten Jahren nie länger als ein oder zwei Jahre ausgehalten – und will jetzt endlich eine feste Sache. Er hat die letzten Freundinnen alle verlassen und geht daher selbstbewusst in die neue Beziehung; sie wurde eben erst von ihrer großen Liebe vor die Tür gesetzt – und glaubt, dass sie es nicht wert ist, überhaupt von jemandem geliebt zu werden. Er ist schon zweifacher Vater und will keine Kinder mehr; sie wünscht sich seit Jahren nichts mehr als ein Baby.

Klar, dass sich bei solchen Konstellationen eine gemeinsame Zukunftsplanung nicht von allein ergibt. Aber egal, woher die Altlasten kommen, entscheidend ist heute bei der Beschäftigung mit dem Beziehungsgedächtnis: Anders als vielleicht mit achtzehn oder mit dreißig Jahren wissen wir mit vierzig, dass der Partner uns nicht retten kann, er kann nicht die Löcher unseres Alltags stopfen. Er zeigt uns stattdessen, welches Leben wir führen wollen und was wir noch davon erwarten.

Man sagt ja, dass sich Liebe in jedem Alter gleich anfühlt: mit 17, mit 29 oder mit 39 Jahren. Aber das stimmt nicht. Unsere Art zu lieben ist immer das Produkt der letzten Beziehungen. Dabei ist besonders in den letzten zehn Jahren ein gewisser Realismus eingekehrt: Wir verlieben uns nicht mehr so leicht in den falschen Mann, die falsche Frau. Wir wissen heute besser als mit siebzehn, wer oder was uns guttut. Wir glauben zu wissen, wie Liebe funktioniert, wie Beziehungen ticken. Wir wissen auf jeden Fall einiges mehr als noch vor zehn Jahren über die Spielregeln der Liebe. Das alles macht uns zu Realisten in Liebesdingen.

Die Singles unter uns gehen strategischer vor als in der ersten Liebesrunde mit zwanzig. Sie treffen sich abwechselnd mit mehreren potenziellen Partnern – und halten auch dann Kontakt, wenn erst mal nichts daraus wurde. «Man kann ja nie wissen, was sich noch ergibt.» «Ich betrachte die Suche als Job», sagt meine Freundin Maja. Sie meldet sich bei Online-Partnerbörsen an, bucht Yogakurse oder Koch-Workshops. Sie geht auf Essenseinladungen mit «hoher Männer-Singlequote». Dort sucht sie nach Partnern – aber nicht mehr wie vor zehn, fünfzehn Jahren nach Mr. Perfect. Ihr pragmatisches Ziel: Jemand, der einigermaßen zu ihren Vorstellungen vom Leben passt. «Siebzig Prozent okay reichen auch; na ja, sagen wir: fünfundachtzig wären schon optimal.»

Auch die Vierziger in Langzeitbeziehungen sind realistischer geworden. Sie wissen, dass das Kribbeln einfach nachlässt. Einerseits müsste man mal wieder was dagegen tun. Andererseits ist klar: Noch so viele romantische Dinner und gemeinsame Wohlfühlwochenenden können keine

Wunder vollbringen. Sie sind eben im Leben angekommen und wissen, dass alles seinen Preis hat: Geborgenheit in einer einigermaßen funktionierenden Beziehung bedeutet eben weniger schmutzigen Sex; mehr Sex und Freiheit bedeutet umgekehrt weniger Geborgenheit. Wir können eben nicht alles haben. Punkt, aus.

Wer mit vierzig in einer Beziehung lebt, macht nicht mehr so schnell Schluss wie mit zwanzig oder mit 35 Jahren – schließlich steht ja einiges auf dem Spiel. Gerade mit vierzig gibt es eine Sehnsucht danach, endlich angekommen zu sein, endlich die anstrengende Suche zu beenden. Auch steigen unsere Chancen auf dem Beziehungsmarkt nicht gerade, dafür genügt manchmal schon ein Blick in den Spiegel. Deshalb verschieben Vierziger eher ihre Perspektive, sie korrigieren ihre Ansprüche etwas nach unten. Das hat nicht unbedingt mit Aufgeben zu tun, sondern kann auch die Kunst sein, seinen persönlichen Weg zwischen Wolkenkuckucksheim und Alltagshölle zu finden.

Gleichzeitig ist dieses Angekommensein in der Familie und im Beruf für uns auch negativ besetzt. Es steht für Stillstand und für Alltagstrott. In solchen Momenten schaut Julia auf den sonnigen Garten, in dem gerade die Kinder spielen, und denkt: «Soll es das etwa gewesen sein? Ist das etwa mein Leben?» Dann kommt sie wieder auf: die alte Sehnsucht nach neuen Erfahrungen. Wir sind schließlich die erste Generation, die von ihren Eltern nur ein Motto gehört hat: «Mach einfach, was dir Spaß macht, und versuche, glücklich zu werden!» Zwischen diesen beiden Polen, der Sehnsucht nach Ankommen und der nach neuen Erfahrungen, bewegen wir uns gerade. Aber Selbstverwirklichung und Kontinuität sind in Langzeitbeziehungen nicht leicht zusammenzubringen – vor allem wenn Kinder, Schwiegereltern und zwei Jobs daranhängen. Aber wer sagt denn, dass das einfach sein soll.

Beziehung als Verhandlungssache

Entscheidend für unsere Beziehungen heute – das haben viele Gespräche gezeigt – ist die Suche nach einem Gleichgewicht. In den letzten Jahren fragten wir uns: Wie viel Zeit bleibt für meinen Lebensabschnittspartner und mein Privatleben nach der Arbeit? Aber auch: Wie viel Platz bleibt noch für mich innerhalb der Familie oder der Beziehung? Inwieweit kann ich mich um meinen Partner, meine Kinder und meine Freunde kümmern, ohne mich dabei selbst zu vernachlässigen? Sollte ich mal wieder eine Städtetour mit der besten Freundin oder dem besten Freund einlegen oder doch lieber einen Zelturlaub mit der Familie – den Kindern zuliebe? Solche Fragen treiben die Vierzigjährigen um. Die Mischung bringt's!

Bei unseren Eltern, und noch mehr bei den Großeltern, waren die Aufgaben klar verteilt: Mutti macht den Abwasch, kocht und kümmert sich um den Haushalt; Vati geht in den Garten, repariert das Auto und erledigt die Steuer. Darüber gab es keine Diskussion. Da Aufgaben und Rollen in modernen Beziehungen selten so klar verteilt sind, müssen Paare immer wieder besprechen, wer, wann ausgehen darf – oder eben nicht. «Seit ich wieder halbtags arbeite, muss ich ständig mit meinem Mann verhandeln, wer unsere Tochter aus dem Kindergarten abholt, ob ich noch zum Sport kann oder ob er einen Termin hat», sagt Julia. Um der Woche mehr Struktur zu geben, haben sie kürzlich feste Tage vereinbart. Aber gleich in der nächsten Woche hatte ihr Mann ein Geschäftsessen. Es ist für Julia ein ständiges Ringen um das eine oder andere Zeitfenster. «Mich nervt dabei, dass ich seit Wochen nicht mehr beim Schwimmen war. Und dass seine Termine immer wichtiger sind als meine.» Moderne Beziehungen sind in erster Linie Verhandlungssache.

Besonders wenn sich die Rahmenbedingungen verändern, etwa, wenn sie einen neuen Job anfängt und plötzlich regelmäßig bis Mitternacht arbeitet. Dann will sie natürlich nicht noch schnell die Wäsche machen. Oder wenn er «Arbeit suchend» wird – und mit einem Mal ganz viel Zeit hat, die er unbedingt mit ihr verbringen will. Oder wenn ein Kind dazukommt. Dann verändert sich das Zeit- und Aufmerksamkeitskonto einer Beziehung nachhaltig. Es gilt die Formel: Je knapper Zeit oder Geld wird, desto mehr wird in modernen Beziehungen verhandelt.

Dieses Ringen um ein Gleichgewicht in der Beziehung äußert sich besonders im Haushalt. Tatsächlich scheint Putzen, Bügeln, Spülen, Aufräumen, Einkaufen bei Vierzigern Konfliktstoff Nummer eins in Beziehungen. Der Haushalt wird zum zentralen Ort des Geschlechterkampfs. Während sich die zehn Jahre älteren noch um Frauenquoten gestritten haben, ist die Auseinandersetzung zwischen Männern und Frauen bei uns ins Private verrutscht, genauer gesagt: in die Küche. Es scheint so, als ob die Ausgewogenheit zwischen Mann und Frau oder die Qualität einer Beziehung bei manchen Paaren in unserem Alter daran gemessen wird, ob beide gleich häufig die Spülmaschine anwerfen oder den Boden wischen.

«Ich hatte einmal im Monat einen Riesenstreit mit meinem Mann wegen der Aufräumerei», sagt Julia. «Er wurde immer fauler – und das Schlimmste: Er merkte es noch nicht mal. Das finde ich respektlos. Und gleichzeitig will ich nicht über so etwas diskutieren müssen.» Wir wollten es eigentlich besser machen als unsere Eltern und Großeltern. Wir wollten nicht, dass Papa arbeiten geht und Mama den Haushalt schmeißt und die Kinder erzieht. Wir wollten auch hier eine partnerschaftliche Beziehung – und vor allem wollten wir uns nie über so etwas streiten.

Aber mit der Zeit haben sich viele von uns ihren Eltern angenähert. Auch wenn sie es sich anders vorgestellt hatten und vielleicht nach außen hin auch anders darstellen, findet im Verlauf vieler Ehen und Beziehungen eine schleichende Arbeitsteilung statt. Traditionell weibliche Arbeiten im Haushalt wie Bügeln, Wäschewaschen oder Kochen werden verstärkt von Frauen übernommen. In Beziehungen, die von Anfang an dazu neigten, verstärkt sich diese Tendenz noch. Aber auch bei aufgeschlossenen Partnerschaften findet laut einer Bamberger Studie dieser Prozess statt: Die überwiegende Mehrheit der Männer verringert im Lauf der Ehejahre ihren Anteil an der Hausarbeit. Über neunzig Prozent der deutschen Männer beteiligen sich laut einer Studie kaum am Haushalt, 87 Prozent haben noch nie in ihrem Leben gebügelt.

Mit dem ersten Kind verstärkt sich dieser Prozess. Der Mechanismus ist immer derselbe: Die Hausarbeit wird zunehmend auf die Frau übertragen, die ihre Erwerbstätigkeit unterbrochen hat. Danach fällt vielen Paaren die Rückkehr schwer. «Seit wir ein Kind haben», erzählt Julia, «ist für meinen Mann klar, dass ich mich um den Haushalt kümmere. Er trägt noch den Müll herunter und wäscht das Auto – sonst fällt mir eigentlich nichts mehr ein.» Das ist erst besser geworden, seit Julia wieder arbeitet. Nur die Berufstätigkeit der Frau führt laut der Bamberger Soziologen, die über zweitausend Paare befragten, tatsächlich zu einer stärkeren Beteiligung des Manns an der Hausarbeit.

Besonders wenn Kinder dazukommen und beide Partner arbeiten, wird die Auseinandersetzung um den Haushalt verschärft. Denn Kinder sind auch enorm viel Arbeit. Auch bei uns haben in den meisten Fällen die Frauen diesen Job übernommen. Trotz Akademikerausbildung und Emanzipation waren sie es, die zumindest das erste Jahr nach der Geburt zu Hause blieben. Dann haben sie vielleicht gar nicht mehr angefangen zu arbeiten – oder nur noch halbtags. So fand eben auch bei uns eine schleichende Traditionalisierung der Arbeitsteilung in den Beziehungen statt.

Viele Vierzigjährige leben bereits in ganz ähnlichen Rollenmustern wie ihre Eltern. Papa bringt das Geld nach Hause und Mama kümmert sich um die Kinder, den Haushalt, die Innendekoration und die Sozialkontakte. Bei einem Essen mit Freunden kocht Julias Freundin Karin (39) und bringt zwischendurch wie selbstverständlich die Kinder ins Bett. Ihr Mann Max (42) hingegen unterhält die Gäste und kocht später den Kaffee. «Das kann er ja so gut, besonders die Crema auf dem Espresso!»

Manchmal räumt Max die Spülmaschine aus, bringt die

Kinder in die Schule oder macht Pommes mit Fischstäbchen. Er will ja ein moderner Mann sein. Dafür erwartet er aber immer ein Dankeschön oder eine andere Art Bestätigung von Karin. Für jeden Handgriff. Gerade dadurch vermittelt er ihr den Eindruck: Sie ist a) für den Haushalt und die Kindererziehung zuständig. Und er lässt sich b) manchmal dazu herab, ihr unter die Arme zu greifen.

Spätestens wenn die Kinder in die Schule gehen, sorgt diese Art der Arbeitsteilung für Frust bei Akademikerinnen wie Karin. Und davon gibt es in unseren Jahrgängen viele, denn gerade bei uns sind Frauen und Männer gleich gut ausgebildet. Natürlich ist die Akademikerin nach einem abgeschlossenen Physikstudium nicht unbedingt besonders scharf darauf, dauerhaft als Putzfrau, Köchin, Erzieherin, Sekretärin oder alles zusammen in der Familie zu arbeiten.

«Seit die Kinder auf der Welt sind, bin ich für ihn nur noch die Mutter, die automatisch und allein für Erziehung, Haushalt und Alltag zuständig ist», sagt Karin. «Er lässt seine Jeans irgendwo in der Wohnung herumliegen, kümmert sich um nichts und vergisst, unsere Kinder aus der Schule oder vom Reiten abzuholen, wenn ich mal einen Termin habe.» Auch ihr Sexleben ist eingeschlafen. «War ich früher die sexy Doktorandin, bin ich inzwischen die ständig meckernde Ehefrau.» Seit sie Mutter ist, steckt sie auch ihrem Mann gegenüber in dieser Rolle. «Aber ich habe keine Lust mehr, ihn auch noch im Bett zu bemuttern. Ich will schließlich einen Ehemann und kein drittes Kind.»

Das Ringen um Gleichberechtigung wird von Paaren mit Kind gerne als Erschöpfungskonkurrenz geführt. Die Argumente sind dann: «Ich bin gestresster im Job und noch genervter von den Kids. Ich habe weniger geschlafen als du, und mein Rücken tut mir noch mehr weh als dir.» Diese Paare tauschen sich dann eigentlich nur noch darüber aus, wer von beiden fertiger ist. Am Ende gewinnt, wer näher am Zusammenbruch steht.

Manchmal stehen die Mütter einer gleichberechtigten Partnerschaft auch selbst im Weg. So verbringt etwa der Krankenpfleger Philipp gleich viel Zeit mit den Kindern wie seine Frau. Aber wenn sie nach Hause kommt, zieht sie dem gemeinsamen Sohn erst mal Hausschuhe an und eine Strickjacke über. Und im Vorübergehen kratzt sie demonstrativ ein bisschen angebrannte Milch vom Ceranfeld. Sie kritisiert, dass er dem Baby den Bio-Pastinakenbrei nicht warm genug macht oder die Tochter mit den falschen Ballettschuhen in den Unterricht schickt. Oder mit einem Pullunder, der nicht zum Rock passt. Irgendwann einigen sich beide dann hoffentlich darauf, dass der Pullunder nur noch thematisiert wird, wenn er ein Verbrechen gegen die Menschlichkeit ist – und nicht einfach nur wahnsinnig hässlich.

Vorerst muss er aber ständig mit seiner Frau wetteifern, wer von beiden der Bessere ist. Eigentlich möchte niemand diesen Wettkampf zwischen Mann und Frau. Er entsteht durch einen fatalen Rollenkonflikt der vierzigjährigen Frauen. Auf der einen Seite sind sie die erste Generation, die in vollem Umfang von der Frauenbewegung profitiert. Ihr Ziel ist es, sich beruflich und privat zu verwirklichen. Andererseits sind sie selbst noch mit den traditionellen Rollen der Eltern aufgewachsen. Und da ist Mutter eben meistens zu Hause geblieben, hat vielleicht halbtags gearbeitet und sich ansonsten um Kinder und Haushalt gekümmert.

Bei Frauen in unserem Alter konkurriert also dieses traditionelle, bei den eigenen Eltern erlebte Rollenbild mit den eigenen emanzipierten Vorstellungen. «Eigentlich war mir klar, dass es für mich, meine Kinder und für unsere Beziehung besser gewesen wäre, wenn ich mit unserem zweiten Kind drei Jahre zu Hause geblieben wäre», sagt Julia heute. «Aber das konnte ich nicht mit meinem Selbstverständnis als emanzipierte Frau verbinden. So bin ich nach einem Jahr wieder eingestiegen, obwohl es dadurch wahnsinnig anstrengend für alle Beteiligten wurde.» Die beiden gegensätzlichen Rollenvorstellungen existieren in unserer Gesellschaft nebeneinander. Wie sich Frauen auch verhalten, es ist immer falsch: Bleiben sie der Kinder wegen zu Hause, verraten sie für die einen die Ziele der Frauenbewegung. Gehen sie arbeiten, werden sie für die anderen zu «Rabenmüttern». Für ihre Männer sieht das auch nicht viel besser aus. Bleibt sie zu Hause, ist er ein «Chauvi». Geht sie arbeiten und er kümmert sich ums Kind, wird er als Hausmann verspottet.

Das verflixte sechste Jahr

Diese Suche nach einem Gleichgewicht zerrt an unseren Nerven – und an unseren Beziehungen. Der Alltag hat bei vielen Paaren zu einer pragmatischen Aufgaben- und Zeitverteilung geführt. Aus dem (bestimmt idealisierten) geliebten Märchenprinz ist ein (vielleicht zäher) Verhandlungspartner geworden, aus der Prinzessin eine Beziehungspolitikerin, aus der Muse eine Meckertante. Diese Ent-Idealisierung tut vielen Beziehungen alles andere als gut.

Tatsächlich fanden US-Forscher heraus, dass Paare unmittelbar vor und nach der Hochzeit am glücklichsten sind. Schade nur, dass sich das nicht konservieren lässt. Dieselben Forscher entdeckten noch etwas anderes: Nach zehn Jahren Ehe ist die Zufriedenheit der Partner auf dem niedrigsten Niveau. Ein Drittel aller Ehen scheitern, weil es die Beteiligten nicht ertragen, dass sich ihre Vorstellung von Liebe und Wirklichkeit derart auseinanderbewegt hat: Alltag statt Abenteuer, Routine statt Romantik, Puschen statt Pfennigabsätze, Sex nur noch im Bett und immer seltener. So hatten sie sich das nicht vorgestellt.

Viele Paare haben ihre größte Krise rund um das sprichwörtliche verflixte siebte Ehejahr. Tatsächlich haben sich im Jahr 2005 laut dem Statistischen Bundesamt mit rund 12 900 die meisten Ehen im sechsten Jahr geschieden. Es scheint ein Zeitpunkt zu sein, nach dem häufig eine gewisse Ernüchterung eintritt. Es ist auch genau der Zeitpunkt, an dem Paare weniger Sex miteinander haben. Bis zum fünften Jahr schlafen Paare laut einer Gruppe Hamburger Sexualforscher im Schnitt zweimal wöchentlich miteinander. Dann halbiert sich die Sex-Frequenz von einem Jahr auf das andere – und bleibt auf diesem Niveau: Zwischen dem fünften und dem dreißigsten Ehejahr gibt es also nur noch viermal im Monat Sex. Nicht gerade tolle Aussichten für Langzeitbeziehungen.

Eine besonders schwierige Phase bricht für viele Paare an, wenn die Kinder drei Jahre alt werden. Davor sind die Eltern noch zu sehr mit Alltag und Kindererziehung beschäftigt. Ab drei sind sie, wie die Eltern meinen, «aus dem Gröbsten raus». Jetzt gehen die Kleinen regelmäßig in den Kindergarten und wirken stabil genug, dass Mama oder Papa endlich wieder mehr an sich denken können.

«Wir hatten unsere schlimmste Krise, kurz bevor unsere Tochter vier wurde», erzählt Julia. «Wir haben uns fast jeden Abend gestritten. Häufig fing es mit Banalitäten an, mit Essenkochen und der Planung des nächsten Tages. Einer von uns hat dann immer mit pauschalen Vorwürfen losgelegt.» Es waren alles Dinge, die sich über Monate angestaut hatten. Vieles wurde nicht angesprochen, weil die Tochter gerade gebadet werden wollte. «Nicht vor der Kleinen», sagte sich Julia – und redete dann gar nicht mehr darüber, weil sie abends zu müde war. Das ging aber nur bis zu einem gewissen Punkt.

Ein Lackmustest ist der 40. Geburtstag. Dann fragen sich viele: Habe ich mir mein Leben so vorgestellt? Soll es das etwa gewesen sein? Ist das die richtige Frau für den Rest meines Lebens? Etwa nie wieder eine Blondine? Kann ich mit den herumliegenden Socken, den Haaren im Abfluss und den Stimmungsschwankungen meines Partners leben? Oder nerven mich seine Eigenarten jetzt schon so sehr, dass ich mir gar nicht vorstellen will, wie das in fünf oder zehn Jahren wird? Ist das was fürs ganze Leben oder sollte ich noch einmal etwas Neues, Frisches starten? Wir wissen jetzt, dass wir nicht mehr endlos viele Jahre haben. Und die verbleibenden sollen wenigstens richtig gut sein.

Wenn sich Vierzigjährige länger nicht gesehen haben,

sagen sie gerne Sätze wie «Wir haben gerade unser zweites Kind bekommen» oder «Wir haben uns gerade getrennt». Auf jeden Fall ist etwas passiert. Natürlich haben wir auch vorher in Beziehungen Veränderungen erlebt – die ganze Palette von «jung, zwei Einkommen, keine Kinder» bis «etwas älter, ein Einkommen, aber dafür mehrere Kinder». Allerdings kam bisher kein Zeitdruck dazu. Jetzt steht der 40. Geburtstag vor der Tür – und das setzt uns ganz schön unter Zugzwang.

«Was können wir eigentlich noch mit unserem Restleben anstellen», fragte etwa Steffi, Mutter von zwei Kindern und seit acht Jahren verheiratet, kürzlich bei einer Party. «Drittes Kind?» «Ach nee, lieber nicht. Wie wär's mit Fremdgehen», schlug ihre Freundin Karin vor. «Gute Idee, nur wann soll ich dafür Zeit haben? Müsste schon jemand finden, der nicht viel Wert auf das Vorspiel legt.» «Und mal einen Pärchenausflug mit deinem Mann, so wie früher?» «Ach lieber nicht, dann merken wir noch, dass wir uns nicht mehr viel zu sagen haben, wenn die Kinder weg sind. Das stellen wir lieber später fest, wenn sie aus dem Haus sind, vermutlich in 35 Jahren oder so. Vielleicht reicht's ja im Moment auch, wenn wir uns einen Hund zulegen. Ich hätte so gern einen Beagle.»

Gerade wenn sie beruflich und privat scheinbar angekommen sind, befällt viele Vierziger eine ausgewachsene Panik. Dahinter steckt die Angst, stehenzubleiben. Denn sie haben ja gelernt: «Weiter, weiter, weiter, bloß nicht auf der Stelle treten. Klar sind wir angekommen – aber wollen wir das überhaupt?» Anders als ihre Eltern mit vierzig wollen sie sich noch etwas länger die Möglichkeiten offenhalten. Sie haben ein gigantisches Glücksversprechen im Kopf – und übersehen dabei vielleicht das kleine Glück vor ihrer Haustür und dass Stillstand manchmal die einzige Lösung ist. Anders als ihre Eltern folgen sie dann dem Anything goes – und machen sich weiter auf die Suche.

Ein bisschen Spaß muss sein

Wie Karin, die inzwischen eine Affäre begonnen hat mit einem Vater, den sie im Kindergarten ihrer Tochter Karla kennenlernte. Zuerst waren sie nach dem Abholen mit den Kindern in einem Café. Dann haben sie sich mal in der Mittagspause verabredet. Karin wollte ein Unterhemd ihrer Tochter zurückgeben. Zum Abschied gab er ihr einen Kuss auf den Mund. Mehr aus Versehen. Immerhin, dachte Karin. Am nächsten Morgen war sie so aufgeregt wie lange nicht mehr. Sie pfiff schon morgens irgendeinen Hit aus dem Radio und überlegte sich, bevor sie Karla in die Kindergarten brachte, genau, was sie anziehen sollte. Schließlich könnte sie ja Oliver treffen.

Dann telefonierte sie nachts lange mit Oliver. Karin ging dazu ins Gästezimmer. Wenn ihr Mann fragen sollte (was er nicht tat), würde sie ihm erzählen, dass ihre Freundin Julia am Telefon sei. Tatsächlich flirtete sie mit Oliver. Dabei hatte sie schon fast vergessen, wie das geht. Ein paar Tage später verabredeten sie sich in seiner Mittagspause bei ihm zu Hause. Seither treffen sie sich immer dienstags bei ihm in der Wohnung. Viel reden sie dabei nicht. Er muss eine Stunde später wieder los – und vorher natürlich duschen.

Viel weiß Karin nicht von ihm. Ist ihr auch egal. Immerhin hat sie inzwischen weniger Migräne. «Es geht mir besser, auch wenn es sich nicht um viel mehr als guten Sex handelt bei mir und Oliver», sagt sie und freut sich schon auf nächsten Dienstag. «Aber das ist alles so neu, so aufregend. Es hat so gar nichts mit dem Alltag zu tun, den ich mit meinem Mann habe zwischen Kinder von der Schule abholen und Freunde zum Grillen einladen.» Aber trennen will sie sich von ihrem Mann trotzdem nicht: «Das eine hat doch mit dem anderen nichts zu tun!»

Wir haben zwar durch unsere bisherigen Beziehungen genug Erfahrung gesammelt, dass wir nicht mehr bei jeder Kleinigkeit Schluss machen, aber eben auch so viel, dass wir wissen: Jetzt ist es endgültig vorbei! Irgendwann geht es eben nicht mehr. An einem bestimmten Punkt ist der Frust einfach zu groß. Das kann sich über Jahre hinziehen.

Wie bei Almut und Michael. Wir Freunde wussten schon längst nicht mehr, was die beiden eigentlich noch zusammenhält. Na gut, die schicke Sechszimmerwohnung, die Kinder, die vielen gemeinsamen Erinnerungen, das Ehegattensplitting. Aber sie machten sich gegenseitig fast jeden Abend fertig, auch in der Öffentlichkeit. «Ohne mich würdest du doch niemals in so einer Wohnung leben!» Sie kritisierte, dass er das Geld für teure Uhren ausgibt, die dann im Schrank vor sich hin gammeln – und auch, dass er fremdgeht.

Trotzdem schien ihre Ehe zu halten. Bis Almut an einen Wendepunkt kam. Zuerst war sie mehrere Woche krank, wegen eines Bandscheibenvorfalls musste sie im Bett bleiben. Dort hatte sie viel Zeit zum Nachdenken, das erste Mal seit Jahren. Als sie wieder gesund war, lernte sie einen anderen Mann kennen. Keine große Sache. Er machte ihr einfach ein paar Komplimente und wollte mir ihr ausgehen. Aber allein die Alternative in Griffnähe führte bei Almut dazu, dass sie ihre Angst vor dem Alleinsein verdrängte. Sie überlegte hin und her und machte mit klarem Kopf eine einfache Plus-Minus-Rechnung: Welche Vorteile hat meine Ehe? Welche Nachteile? Nervt mich die Beziehung? Bin ich nur mit Michael zusammen, weil ich Angst vor dem Alleinsein habe?

Nach einigen Wochen wollte sie die Scheidung – zur Überraschung ihres Ehemanns. «Durch den anderen Mann habe ich gemerkt, dass ich noch nicht zu alt bin, um das Ruder herumzureißen. Mit knapp vierzig habe ich doch noch das halbe Leben vor mir. Da muss ich mich doch nicht über Jahre mit irgendwelchen Kompromissen herumärgern. Dafür habe ich keine Zeit mehr – gerade als Frau.»

Tatsächlich werden bei Vierzigern zwei Drittel der Scheidungen von Frauen eingereicht. Männer gehen in schlechtlaufenden Beziehungen offenbar eher auf Tauchstation. Sie merken natürlich auch, wenn etwas nicht stimmt, aber sie setzen auf Zeit. «Wird schon wieder besser werden! Ist bestimmt nur eine Phase. Wir hatten doch schon so gute Tage.» Wenn Frauen aber an einem «Point of no Return» angelangt sind und einen neuen Partner in Griffnähe haben, dann scheint sie nichts mehr aufhalten zu können. Auch nicht das Eingeständnis des Scheiterns.

Bei Scheidungsraten von über fünfzig Prozent in Großstädten wie Hamburg, Köln oder München sind Trennungen mehr oder weniger normal, ein Bestandteil unseres Liebeslebens.

Aber was hält Paare, Familien heute überhaupt noch zusammen? Denn trotz des enormen Veränderungsdrucks ist die Kleinfamilie in unserer Altersgruppe immer noch die mit Abstand beliebteste Lebensform. Jeder zweite 35- bis 40-Jährige lebt laut Statistischem Bundesamt in einer traditionellen Kleinfamilie mit mindestens einem Kind. Sie putzen zusammen die Wohnung, erziehen Kinder, besuchen die Schwiegereltern an Ostern, fahren gemeinsam zu Ikea und werfen dort, weil Björn oder Billy mal wieder ausverkauft waren, eine Tafel Schokolade in den Einkaufswagen. Sie machen eben all die Dinge, die man mit vierzig so macht. Manchmal gehen sie auch fremd mit jüngeren Frauen oder älteren Männern.

Auf den ersten Blick ist unsere Generation also angekommen. So ist mehr als die Hälfte der Männer zwischen 35 und 40 verheiratet. Die meisten mit Frauen im selben Alter (47 Prozent) oder etwas jüngeren (31 Prozent). Insofern scheint also ein ähnliches Alter ein Vorteil für eine erfolgreiche Beziehung zu sein. Weitere Faktoren halten laut dem US-Soziologen Martin Abraham eine Ehe zusammen: gemeinsamer Besitz, eheliche Treue, ähnliche Bildung, gleiche Religion. Zu einem ähnlichen Schluss kommt auch eine andere amerikanische Studie. Hier stärken Schwangerschaft, kirchliche Trauung und gemeinsame Freunde die Beziehung. Weitere stabilisierende Lebensumstände: späte Heirat und ein ländlicher Wohnort.

Eigene Kinder, sofern das Paar die schwierigen ersten drei Jahre übersteht, stabilisieren ebenfalls eine Beziehung: 83 Prozent der verheirateten Männer in unserem Alter haben Kinder. Sie sehen Kinder als Bereicherung. Jetzt können sie endlich ihre Begeisterung für die Dinge der eigenen Kindheit wieder ausleben, diesmal über Bande. Dann müssen sie nicht mehr selbst das T-Shirt mit dem Kinderschokolade-Kind oder dem «Brauner Bär»-Indianer tragen, sondern können es dem Kleinen anziehen. Dann können sie die Kleinen mit all dem versorgen, was sie an ihrer eigenen Jugend so toll fanden: Nutella zum Abendbrot, «Biene Maja»-Kassetten, «Wickie und die starken Männer» oder «Die Augsburger Puppenkiste» auf DVD vor dem Einschlafen, Ahoi-Brause am Wochenende.

Später gibt es dann das Bonanza-Fahrrad, den Franz-Beckenbauer-Trainer von Adidas fürs erste Fußballturnier und das Pacman-Spiel in der Retroversion auf Konsole für danach. Papa kann endlich mit den Inlineskates anfangen, ohne sich vollends lächerlich zu machen. Er macht es ja den Kleinen zuliebe. Und Mama kann jetzt mit der Tochter wie damals mit der besten Freundin Stunden vor dem Spiegel verbringen. Danach gehen die beiden shoppen, und die Zwölfjährige hat schon die gleichen weißen Converse-Turnschuhe an wie Mutti, natürlich ohne Schnürsenkel.

Erwartungen nach unten korrigieren

Der wichtigste stabilisierende Faktor ist aber: die richtige Einstellung. In einer Schweizer Familienstudie wurden 2235 Ehepartner aus verschiedenen Schichten zu ihrer Zufriedenheit in der Ehe befragt. Nur knapp ein Drittel der

Befragten zeigte sich mit der Beziehung «ziemlich zufrieden» bis «gar nicht zufrieden». Rund siebzig Prozent waren also tatsächlich glücklich verheiratet. Das klingt nach einem enorm hohen Wert. Den einfachen Grund fanden die Forscher in Interviews heraus: «Die Partnerschaft wird so positiv gesehen, weil man sich mit der Realität arrangiert hat.»

Paare, denen es gelungen ist, ihre Ansprüche im Lauf der Jahre nach unten zu korrigieren, ohne dass ihnen dabei die Liebe ganz abhandenkommt, haben also gute Chancen, die großen Beziehungskrisen zu überstehen. Damit ist keine Resignation gemeint, auch kein Aufgeben, sondern ein einfacher Wechsel der Perspektive: Die glücklichen Paare haben Träume und Realität näher zusammengebracht.

Wie Julia. Sie hätte auf ihre Beziehung keinen «Pfifferling gegeben». Das ist noch gar nicht lange her. «Alles war irgendwie verkeilt. Immer wenn Andreas etwas gesagt hat, habe ich gleich einen Vorwurf herausgehört – und umgekehrt.» Vieles, was ihr früher an ihm gefiel, passte ihr nicht mehr. Es war wie ein Schalter, der sich umgelegt hatte. An ihrem Mann mochte sie immer seine spontane Art. Jetzt hasste sie es, dass er so schlecht planen konnte. Umgekehrt missfiel ihm plötzlich, wie sie mit Freunden und Bekannten umging. Andreas wollte sich nicht ständig «mit ihren Freunden» verabreden, sondern auch mal seine Ruhe haben.

«Wir haben uns wirklich wegen jeder Kleinigkeit in die Haare bekommen: Haushalt, Kinder, Urlaubspläne, Geld. Eigentlich haben wir dabei ständig aneinander vorbeigeredet. Das war natürlich enorm anstrengend.» Zuerst baten

Julia und Andreas ihre Trauzeugen um Rat, dann einen Therapeuten, und schließlich dachten sie sich gemeinsame Aktivitäten wie Tangotanzen oder amerikanische TV-Serien schauen aus. Das alles schien nicht zu helfen. «Der Alltag lief zwar noch, aber der Spirit war aus unserer Beziehung raus», sagt Julia.

Sie wollten sich auf Anraten des Therapeuten noch ein paar Monate Zeit geben – und dann entscheiden, was aus ihrer Ehe werden soll. Zuvor stellte ihr Paartherapeut ihnen noch eine einfache Frage: «Sie haben zwei Kinder, zwei Jobs, eine Menge Interessen und Freunde, zwei Schwiegermütter mit ganz eigenen Ansichten – wer hat Ihnen eigentlich erzählt, dass man das alles locker hinbekommt?» Es war genau die richtige Frage: «Sie hat mich darauf gebracht, dass ich statt an der Beziehung auch mal an meinen Ansprüchen drehe könnte.»

Gegen Ende der Frist hat sich etwas verändert. «Ich kann im Nachhinein nicht erklären, was passiert ist. Aber plötzlich war alles wieder in Ordnung. Andreas ist schon ein bisschen aufmerksamer geworden und hat mir immer freitags Blumen mitgebracht.» Aber das war es nicht. «Ich glaube, ich habe einfach meine Ansprüche heruntergefahren. Mir wurde klar, dass ich nicht jeden Abend zwischen Hausaufgaben der Kinder kontrollieren und Abendbrot machen mit Flugzeugen im Bauch vor meinem Mann stehen kann. Das funktioniert einfach nicht.»

Inzwischen fühlen sich beide wieder wohl in ihrer Beziehung. Ganz aber traut Julia der Sache noch nicht. «Es ist wie bei einem Auto, das mal eine Panne hatte: Man erwartet immer die nächste.» Aber vielleicht sei genau das der

Trick: «Seit wir uns nicht mehr so selbstverständlich sind, geben wir uns beide mehr Mühe. Wir wollen eben nicht, dass die Beziehungskiste nochmal stehenbleibt.»

Ihre Freundin Karin (40) betont bei jedem zweiten Mädchenabend, dass sie an ihrem Mann dieses und jenes nervt. Trotzdem trennt sie sich nicht von Max. Sie hat sich eben an ihr Leben mit ihm gewöhnt: an die Rolle der Ehefrau, an die Kinder, an das Haus mit Garten, die Urlaube mit Freunden. Das alles will sie nicht aufgeben – um keinen Preis. Max ist zwar längst nicht mehr ihr Traummann, aber mit ihm kann sie immerhin so leben, wie sie es sich vorstellt. Hin und wieder können beide, obwohl sie so viel um die Ohren haben, sogar miteinander lachen.

«Ich habe mich eben an Max gewöhnt», sagt Karin. Auch daran, dass sie schon seit Monaten keinen Sex mehr hatten. Oder daran, dass sie sich inzwischen kaum noch berühren. «Abschiedsküsschen gibt's nur noch, wenn Gäste da sind oder die Nachbarn zuschauen», sagt Karin. «Aber das ist mir nicht so wichtig. Ich bin voll und ganz damit beschäftigt, unser Familienleben am Laufen zu halten. Und das macht mir Spaß.»

Kurz vor ihrem 39. Geburtstag fühlte sie sich trotzdem ausgebrannt. Sie wollte sich von Max trennen, erst mal auf Zeit. Aber dann telefonierte sie mit ihrer Mutter, die knapp vor der goldenen Hochzeit stand. Diese erzählte ihr, dass es in ihrer Ehe auch krachte. Die Eltern hatten mittelmäßige und sogar richtig schlechte Phasen. Eine davon dauerte Jahre. Eigentlich gibt Karin nicht viel auf die Ratschläge ihrer Mutter, aber dieser kam an: Was, wenn das nur eine schlechte Zeit ist? Soll ich alles hinschmeißen? Wer hat damit was gewonnen? Und was kommt danach? Ist das unbedingt besser?

Bisher hat sie Max noch nicht einmal erzählt, dass sie sich unwohl fühlt in der Ehe. Sie macht das alles mit sich selbst aus: «Wahrscheinlich habe ich Angst vor dem Alleinsein. Und davor, dass ich es mit den beiden Kindern allein nicht packe.» Manchmal denkt sie auch, dass sie vielleicht schuld daran ist: «Vielleicht sind meine Erwartungen auch zu hoch. Eigentlich ist doch alles okay.» So hat sich Karin irgendwie mit ihrer Ehe arrangiert, ohne richtig davon überzeugt zu sein. Im Lauf der Jahre ist ihr eine Trennung immer schwerer gefallen. Heute ahnt sie wie viele Vierziger, dass sich der Beziehungsmarkt da draußen verändert hat – und dass ihre Chancen nicht gerade gestiegen sind. «Ein paar meiner Freundinnen sind gerade Singles. Und wenn ich mir deren Gejammer anhöre!»

Ihr ist klar, dass sie schon lange nicht mehr aus denselben Gründen mit Max zusammen ist, aus denen sie mal geheiratet hatten. Na und? Die Ökonomie der Liebe verändert sich. «Jetzt leben wir schon neun Jahre zusammen, haben so viel aufgebaut. Das kann doch nicht alles falsch gewesen sein, schließlich sind mein Mann und ich immer noch ein gutes Team. Wie eine gut organisierte Firma halten wir die Familie am Laufen.» Team, Firma? Das klingt nicht sonderlich romantisch. So reden wir eigentlich nicht gern über die Liebe. Ein Problem wird es allerdings nur, wenn wir zulassen, dass es unseren romantischen Vorstellungen von Liebe inklusive Kerzenschein und Kribbeln im Bauch zuwiderläuft.

Mit vierzig sieht das Singleleben komplett anders aus als mit fünfundzwanzig. Erst mal ist die Konkurrenz viel größer. Denn damals mussten wir nur mit Gleichaltrigen auf dem Markt um die Prachtexemplare wetteifern. Wer hat sich schon ernsthaft mit fünfundzwanzig für deutlich jüngere Frauen oder Männer interessiert? Heute konkurrieren Vierzigjährige auch mit zehn oder fünfzehn Jahre Jüngeren – und die gehen meistens geschickter vor. Gerade wenn Vierziger aus langen Beziehungen kommen, müssen sie die Geheimcodes des heutigen Singlemarkts erst mal wieder lernen. «Wenn ein Mann am Ende eines Dates zu mir sagte: ‹Lass uns mal telefonieren›, dachte ich mir nicht viel dabei und rief ihn in den nächsten Tagen tatsächlich an», sagt Kerstin. Bis ihre Freundin Marie sie aufklärte, was das heißt, nämlich «Ciao bella, ich bin nicht interessiert.»

Nach einem weiteren geplatzten Date befällt Kerstin manchmal eine diffuse Angst, keinen mehr abzubekommen. Das war mit fünfundzwanzig nicht so. Damals war sie sich immer sicher, dass noch jemand kommen wird. «Besonders die Sonntagnachmittage sind gefährlich, wenn die ganzen Paare händchenhaltend oder mit einem Kleinkind auf der Schulter durch die Straßen laufen. Dann beneide ich sie, obwohl ich auch ihre Streits und ihre genervten, übermüdeten Gesichter bemerke und weiß, dass als Paar auch nicht alles so toll ist.» Trotzdem bekommt sie manchmal Panik! Dabei ist sie erst ein Jahr auf dem Singlemarkt. Eigentlich kein Grund zur Besorgnis, denn zwei von drei

Singles sind zwischen ihren Beziehungen mindestens zwei Jahre lang solo.

Aber was bringen schon solche Statistiken? Kerstin weiß selbst, dass sie keinen Grund hat, «eine von diesen Panik-Singles» zu werden. «Andererseits steckt der Großteil meines Freundeskreises in Langzeitbeziehungen. Wenn ich dann zum Essen eingeladen werde, bin ich die lustige Quotensingle-Frau, die vom Leben da draußen in der Prärie erzählt. So lerne ich natürlich nie einen Mann kennen, außer wenn ich meiner besten Freundin den Typen ausspanne und mit ihm davonreite.» Sie hat wie viele Vierziger den Eindruck, sie sei nur noch von Paaren umgeben und treffe immer seltener jemanden, der noch zu vergeben ist. Aber stimmt das wirklich?

Bei der letzten Party beschwerte sich Kerstin mal wieder, dass es keinen einzigen Single weit und breit gebe: «Nur diesen dicklichen Typen am Buffet, mit dem sich keiner unterhalten will.» Aber Marie hatte vorher besser recherchiert. «Schau mal, der Große mit den grauen Haaren auf der Tanzfläche. Er hat sich vor ein paar Monaten von seiner Frau getrennt und ist gerade in eine neue Wohnung gezogen. Und hier der Kleine mit den Turnschuhen – lebt seit einem Jahr getrennt von Frau und Kind.» Tatsächlich hatten sich in unserem Freundeskreis allein in den letzten paar Monaten drei Paare getrennt. Macht also im Prinzip sechs neue Singles auf dem Markt. «Gut, das sind nicht unbedingt die einfachsten Fälle, die Scheidungsopfer und Unfallwagen. Aber was soll's? In unserem Alter hat jeder seine Vorgeschichte.»

Mit vierzig ist es offenbar besser, Single zu sein, als

fünf oder zehn Jahre vorher, denn der zweite Markt ist in vollem Gang. «Man sagt ja immer, dass gute Kerle mit Anfang dreißig schon vergeben und erst ein paar Jahre später wieder verfügbar sind», meint Kerstin – und sie hat recht damit. Allein in unserer Altersgruppe ist jeder Fünfte Single, mehr gibt es nur bei den unter Zwanzigjährigen. Dazu kommen noch die Alleinerziehenden, rund zehn Prozent der Fünfunddreißig- bis Vierzigjährigen. Sie alle suchen neue Partner. Allein auf der Party waren es jedenfalls acht Single-Männer auf einen Schlag.

Tatsächlich hat Kerstin an diesem Abend einen von ihnen kennengelernt. Zuerst haben sie auf dem Sofa viel gequatscht, dann sind sie noch im Auto übereinander hergefallen. Am nächsten Morgen ist Kerstin dann mit mehr oder weniger starkem Mundgeruch aus der fremden Wohnung geschlichen. Wochenlang haben die beiden ihre Affäre vor Kollegen und Freunden geheim gehalten. Aufregende Sache, bis sie irgendwann beim Knutschen entdeckt werden – im Zoo, beim Konzert, vor dem Autoscooter. Toll, fast so wie früher. Am Ende war's dann doch nichts für länger. Aber diese Affäre hat Kerstin dazu gebracht, am Ball zu bleiben.

Anders als mit zwanzig betreibt sie die Partnersuche heute strategisch. Das war ein Rat ihrer Freundin Marie. Sie hat Kerstin auch sofort bei einer Partnerbörse angemeldet. Mittlerweile geht sie regelmäßig zum Kochkurs und Gitarrenunterricht und zu Essenseinladungen mit hoher «Männerquote». Gelegentlich besucht sie sogar Kunstausstellungen, weil sie gelesen hat, dass man bei Vernissagen gut Leute kennenlernen könne. Dabei hat sie moderne

Kunst schon immer gehasst. «Aber was tut man mit vierzig nicht alles auf dem Singlemarkt!», sagt sie und greift sich noch einen Prosecco vom Tablett. Heute steht sie immer mit drei bis fünf Männern im Mail-Kontakt. Wenn das erste Date in die Hose geht, hält sie trotzdem Kontakt. Man weiß ja nie, was noch daraus wird. «Das machen alle so. Wie beim Fondue. Wenn man am Anfang Hunger hat, hält man eben mehrere Gabeln in den Topf.»

Dabei sind schon ein paar Treffen herausgesprungen, immerhin. Aber bei vielen der Männer merkte Kerstin sofort, dass daraus nichts wird. Als Vierzigjährige fällt sie nicht mehr wie mit zwanzig auf jeden Pfeifenheini rein. «Ein schickes Halstuch und ein bisschen weltmännisches Getue reicht bei mir nicht. Ich suche nach einem Mann, der mir guttut und mit dem ich so leben kann, wie ich es mir vorstelle.» Um ihn zu finden, hat sie kürzlich auch eine Kontaktanzeige aufgegeben. Darin hat sie genau das geschrieben. Aber mehr will sie nicht verraten.

Insgesamt gehen wir weniger neurotisch vor als in Runde eins. Wenn sie uns bisher noch nicht über den Weg gelaufen sind, glauben wir nicht mehr an den Märchenprinzen oder die Frau fürs Leben. Das zeigen auch die Kontaktanzeigen der Vierzigjährigen: Sie suchen nach Partnern, die zu dem Leben passen, das sie gegenwärtig führen. Sex ist dabei offenbar auch nicht mehr so wichtig. Eine 26-Jährige wirbt noch mit: «Je mehr Körperbehaarung du hast, desto mehr turnt mich das an.» Bei Vierzigjährigen geht's weniger um Körperhaare als um Kaminabende, ums Kuscheln – und um ganz praktische Dinge.

So sucht ein «lockeres und ziemlich temperamentvolles, aber sehr ordentliches Energiebündel einen ehrlichen und gepflegten Mann Mitte vierzig». Dabei könnte die Formulierung «sehr ordentlich» auch abschrecken. Putzfimmel? Muss bei ihr das Besteck immer im gleichen Winkel zum Teller ausgerichtet sein? Jedenfalls klingen die Annoncen der Frauen mit vierzig realistischer als die der Zwanzigjährigen. Die wenigsten wollen noch einen Mr. Perfect. Eher fahnden sie nach einem, der zu ihnen passt und mit «beiden Beinen auf der Erde steht». Bloß keinen Luftikus mehr!

Vor allem, wenn sie mit Kind auf Partnersuche gehen: «Fröhliche Mutter eines süßen Neunjährigen sucht dunkelhaarigen interessanten Mann zum Kennenlernen. Wenn du ein südländischer Typ und aufgeschlossen bist. Melde dich.» Aber außer dass sie Mutter ist, erzählt sie wenig über sich. Hier hat es der südländische Typ bestimmt gleich mit zwei Personen zu tun: mit einem Neunjährigen und mit seiner Mama. Mit vierzig präsentieren sich Frauen viel häufiger mit Kindern. Bei Männern heißt es höchstens mal, «Kinder» oder sogar «Altlasten» seien kein Problem», Frauen erwähnen den eigenen Nachwuchs (meistens zwischen vier und elf Jahren) im ersten Satz. Dann sind die Prioritäten gleich klar.

Wie die «arbeitende Mutter (39) einer 3-jähr. Tochter, die das Salz i. d. Suppe sucht». Sie ist wie viele von uns eingebunden, hat einen Job, Kind, einen großen Freundeskreis. Aber es fehlt eben noch etwas: das Salz in der Suppe. Aus dem romantischen «Salz auf unserer Haut» wird das Salz in der Suppe. Manchmal geraten die «Altlasten» aber allzu sehr in den Vordergrund. So sucht tatsächlich ein «Familienmanagement männliche Verstärkung». Der gesuchte Haushälter, der natürlich kinderlieb sein muss, erfährt immerhin noch, dass «Sie (42, 1,64 Meter)» ungefährlich ist: «Ich belle zwar, aber ich beiße nicht».

Manche haben auch ein so ausgefülltes Leben, dass man sich fragt, wie da noch ein Mann reinpassen soll. So ist Gabi (41) «eine echte Powerfrau, jung geblieben, lebensfroh und cool». Die Einzelhandelskauffrau geht gerne aus «auf Straßenfeste, Konzerte und Events», ist aber «keine Discogängerin». Romantisch (Rotwein), sportlich (Mountainbike) und belesen (Liebesromane) ist sie auch noch. Sie kann gut kochen («die beste Nusstorte der Welt»). Natürlich ist sie humorvoll, spontan und ein «Familienmensch», bei dem ein «Kind kein Problem ist». Das Beste aber: Gabi ist zudem sparsam. Denn sie fordert die Männer tatsächlich auf: «Los, lass uns Heizkosten sparen, komm zu mir und wärme mich.»

Anders als die jüngeren Männer, die sich gerne sportlich geben oder viel auf Partys gehen, stellen die Vierzigjährigen ihre praktischen Fähigkeiten heraus: Sie können etwa «den Haushalt führen» oder detaillierter: «Waschen, Putzen, Bügeln». Es ist zwar nicht klar, wie das beim ersten Date helfen soll? Aber so wollen sich die Vierzigjährigen von den faulen, jüngeren «Szene-Typen» abheben, die nie die Küche wischen und nur auf einen ONS (One-Night-Stand) aus sind. Andere machen deutlich, dass sie auf Bedürfnisse von Frauen eingehen können: «Willst du mit mir einen Salsa-Kurs durchstehen?», fragt etwa ein «romantischer Fisch-Mann (39). Das klingt doch ganz anders als «Lust auf Party mit mir, Baby?».

Männer mit vierzig betonen lieber den Kuschelaspekt. Wie «Kuschelbär (41, 171)». Er stellt seiner Traumfrau ganz direkt ein paar Fragen und verheddert sich heillos: «Dir ist das Leben zu wertvoll, um es als Zicke o. Luxusfrau zu verbringen? Wenn du die Wahl zw. Dieter Bohlen und Günter Jauch hättest, würdest du die 32 000-Euro-Frage lösen, gern nachts im Meer schwimmen?» Was jetzt die 32 000-Euro-Frage mit dem Bad im Meer zu tun hat, bleibt das Geheimnis von Kuschelbär. Auch wie er folgende Frage meint: «Würde das Wort Abenteuer für dich nicht fremde Haut, sondern fremde Länder bedeuten?»

«Möchte mich wieder verlieben!», steigt ein anderer gleich ein. «Bin Anf. vierzig, 180 cm gr., humorvoll, nicht unattraktiv, ohne BBB». Sie soll lieb, schlank und bis 38 sein. Von ihm weiß sie, dass er keinen Bart, keine Brille und keinen Bauch hat. Männer in unserem Alter sind offenbar stolz darauf, kein B zu haben. Die meisten haben dasselbe Motiv: Sie wollen sich wieder verlieben. Sie wollen «das Kribbeln im Bauch» wie «einsamer Wolf, attraktiv, 41 Jahre» schreibt. Bei einem anderen (41 J., 1,78 m) geht die Poesie dabei durch: «Ein Kerzchen erwärmt mein Herzchen! Vielleicht erwärmen zwei Kerzchen unser beider Herzchen?» Mit der Romantik tun sich eben viele Vierzigjährige schwerer als vor ein paar Jahren. Gleich alle Register zieht er («39, 192»): «Kultur, Theater, Reisen. Lass und ein Wochenende nach Paris fahren, am Strand der Sonne entgegenspazieren und Möwen füttern. Lass uns tanzen gehen und träumen zu Musik und Rotwein.» Klingt irgendwie untypisch für einen Vierzigjährigen, wie aus einem Beziehungs-Ratgeber abgeschrieben.

Nur wenige Männer haben die Zeichen der Zeit noch nicht erkannt. So sucht ein Enddreißiger unter der Chiffrenummer 193276 tatsächlich mit einem Babyfoto nach einer Frau fürs Leben. Der Text dazu passt: «Ist er nicht süß, der kleine Prinz? Nun ist der Prinz Ende dreißig, attraktiv, sportlich, spontan und immer noch süß. Sucht bezaubernde Jeannie, zw. 29. u. vierzig, um die Geschichte aus 1001 Nacht neu zu entdecken – O Geist, erscheine mir.» Die zukünftige Jeannie kann sich bestimmt auf lustige Märchenstunden freuen. Aber irgendwann muss sie ihm dann doch erklären, dass sie nicht seine Mama ist – und auch kein Geist.

Eine ganz andere Erlösung strebt «Mann (41, 190, 90 kg)» an. Er sucht «eine nette, ehrliche Sie zum Aufbau einer Dauerbeziehung». Seine Erklärung: «Einsamkeit ist grausam, wem geht es genauso?»

Dazu dreimal «Hilfe» in zwei Sätzen. Das klingt weniger nach Beziehung als nach Therapiegruppe. Dazu hat er ein überbelichtetes Foto gestellt, das vor allem dunkle Augenhöhlen zeigt. Auch der Aufbau einer Dauerbeziehung klingt hier nach Schwerstarbeit, die sich vielleicht nicht jede aufbürden will. Und dann muss sie ihm auch noch sagen, dass sie nicht seine Therapeutin ist.

96 Männer im Schnupper-Abo

Aber es gibt schließlich noch andere, erfolgversprechendere Methoden der Kontaktaufnahme. Wer mit vierzig längere Zeit Single ist, geht die Sache strategisch an und versucht sich als Erstes im Online-Dating. So richtig wohl fühlen wir uns dabei allerdings nicht. Fast schon entschuldigend erklären die Online-Paare in unserem Alter: «Wir haben uns im Internet kennengelernt.» Auch Jahre später noch. Diese Berührungsängste kennen Twenty-Somethings nicht. Für sie ist es absolut normal, im Internet Freunde oder Partner zu finden. Wir hingegen denken immer noch an «Flirtlines» oder an irgendwas Schmutziges wie «Spaß-mit-Hausgeräten»-Chats.

Wenn wir uns dann doch dazu durchringen, im Netz nach Partnern zu suchen, halten wir uns manchmal für sozial gestörte Zombies. «Was ist bloß los mit dir! Du bist ja noch nicht mal in der Lage, jemanden im Café, im Supermarkt oder bei der Arbeit kennenzulernen!» Das liegt daran, dass wir in der analogen Welt aufgewachsen sind. Dort hat man beim Schützenfest oder im Tennisverein oder in der Uni-Teeküche bei der Diskussion über Kuba jemanden kennengelernt – und nicht am Computer zwischen Werbebannern und abstürzenden Homepages.

Aber zum Glück gibt es Parship. Die Partnervermittlungsagentur ist wie für uns gemacht. Sie gibt sich so seriös und wissenschaftlich, dass kein schlechtes Gewissen aufkommen kann. Selbst bei uns nicht. Deshalb bekam Kerstin auch genau so ein Parship-Schnupper-Abo von uns geschenkt. Sie sollte endlich raus aus ihrem Schneckenloch. Seit sie sich vor fast neun Jahren von Marcus trennte, hat sie kaum noch Beziehungen, die diesen Namen verdienen. Zuerst begann sie eine Affäre mit einem verheirateten Mann, der höchstens alle vierzehn Tage Zeit für sie hatte. Als seine Frau einmal eine SMS von Kerstin entdeckte, brach er die Beziehung kommentarlos ab. Seither verliebt sie sich immer in die falschen Typen. Immer Männer, die nichts von ihr wissen wollen. Darunter ein reicher Erbe, mit dem sie mal betrunken bei einer Party geknutscht hat. Der Tiefpunkt aber war ein türkischer Animateur, der sich beim nächsten Urlaub nicht an ihren Namen erinnern konnte. In den letzten drei bis vier Jahren hat sie sich nicht einmal mehr verliebt, zumindest hat sie nie darüber geredet.

Mit Parship sollte sie sich, dachten wir uns, wenigstens wieder mit der Liebe beschäftigen. Akribisch hat sie den Fragebogen ausgefüllt: rund hundert Fragen, die sich vor allem mit ihrem Alltag beschäftigen. Schlafen Sie lieber bei offenem oder geschlossenem Fenster? Oder würden Sie lieber ein rundes oder ein eckiges Bild in ihren Flur hängen? «Was soll das denn mit Liebe zu tun haben?», wollte sie von der Parship-Hotline wissen. Dort wurde sie beruhigt. Es gehe darum, herauszufinden, was genau sie suche und wer da draußen zu ihr passen könnte. Neuere Forschungen hätten nämlich ergeben, dass besonders Übereinstimmungen im Alltag über den langfristigen Erfolg einer Beziehung entscheiden. Wer etwa bereits einig ist, ob er lieber früh oder spät ins Bett gehe, müsse darüber nicht mehr verhandeln.

Also hat Kerstin weitere Fragen zu ihrem Alltag, aber auch zu ihren Vorstellungen von einem perfekten Tag beantwortet. Der Parship-Computer hat daraus ein Profil von ihr erstellt, das sich fast wie ein Horoskop liest. Zur Selbstdarstellung sollte sie noch ein paar weniger originelle Fragen beantworten, etwa nach dem perfekten Tag. Dann hat sie mit ihrer neuen Digitalkamera ein Selbstporträt gemacht und ins Netz geladen.

In wenigen Sekunden ermittelte der Liebes-Computer genau 96 Männer, die ebenfalls ein rundes Bild im Flur aufhängen und bei geschlossenem Fenster schlafen. «Na also, läuft ja super», dachte Kerstin. Sie las sich die Kurzbeschreibungen der Männer mit einem ähnlichen Profil durch, überlegte kurz – und antwortete nicht. Das hatte alles nichts mit ihr zu tun: «Wenn ich diese Beschreibungen lese, passiert bei mir einfach nichts. Macht es denn was aus, ob er Anwalt, Arzt oder Architekt ist? Oder interessiert es mich, dass sein perfekter Tag in einem Fußballstadion endet? Geht's überhaupt darum?»

Noch merkwürdiger findet sie die Fotos. Da gibt es Männer, die sich mit nach oben gereckten Armen und Sonnenbrille vor dem Eiffelturm fotografieren lassen. «Und was noch schlimmer ist: Sie stellen genau dieses Bild bei Parship rein.» Oder der Vertreter, der sich am Telefon zeigt. Natürlich mit einem etwas gezwungenen Lächeln. Ganz entspannt soll das wohl sein. Aber dabei zuckt Kerstin innerlich zusammen. Was soll das? Ist das jetzt ihr Leben? Sich mit Vertretern zu einem Date treffen? Immerhin ein angesehener Buchverlag, aber trotzdem! Sie ist schon seit drei Monaten Mitglied und hat noch keinem Mann geantwortet.

Ihre Freundin Natascha riet ihr, es doch einfach mal zu versuchen. Was habe sie denn groß zu verlieren! Ja, eben. Also antwortet sie einem Geschäftsmann aus einer Stadt in der Nähe. «Seine Mails klangen ganz lustig. Hat erzählt, dass ihm heute direkt vor einem wichtigen Geschäftsmeeting ein Vogel aufs Sakko gekackt hat. Dann ist er auf die Toilette, um sich den Fleck wegzuwischen – und hat ihn großflächig auf dem Stoff verteilt. Das fand ich sympathisch.» Als P. S. hat sie ihn um ein Foto gebeten. Er ignorierte die Bitte. Als sie nachhakte, wollte er nicht. Weil sie das nicht einzuschätzen wusste, antwortet sie nicht mehr auf seine Mails.

Vielleicht liegt es ja am Internet, dachte sie. Vielleicht bin ich ja kein digitaler Typ, sondern will mit echten Menschen zu tun haben – und zwar von Anfang an. Deshalb buchte sie beim nächsten Urlaub eine Pauschalreise für Singles nach La Gomera. «Manche Männer waren ja ganz nett. Aber es war schon anstrengend, mit ihnen eine Unterhaltung in Gang zu halten. Da kam nicht viel zurück. Als ob sie nichts zu erzählen hätten», sagt Kerstin.

Inzwischen glaubt sie, dass Männer wunderlich werden, wenn sie länger allein leben. «Mal davon abgesehen, dass sie dann gerne Trekking-Sandalen zum Dinner und jeden Abend das gleiche Hemd tragen, wirken sie irgendwie verstrahlt und verspannt gleichzeitig.» Dabei lacht Kirsten, aber manchmal ist sie auch ein wenig traurig, wenn sie von ihrer ersten Single-Reise erzählt. Denn so hatte sie sich einen Urlaub eigentlich nicht vorgestellt: mit ein paar mehr oder weniger lüsternen Sandalenträgern auf steinigen Wanderwegen.

Ihr ist schon klar, dass sie ihre Einstellung ändern müsste. Sie sollte sich neu programmieren und auf die positiven Seiten des Single-Lebens stürzen: Ungebundenheit, Riesenauswahl an Männern, Partys, keine Verpflichtungen, keine Sozialkontrolle, Klotür auflassen, Jogginghose anlassen etc. Alles schön und gut, aber eigentlich will sie lieber an der Supermarktkasse flirten, abends vor dem Fernseher sitzen und «Tatort» schauen – natürlich zusammen. Kirsten sucht einen Kuschelbär, auch wenn sie das selbst nicht so formulieren würde.

Aber wo findet man den in ihrem Alter, mit knapp vierzig? Selbst in Großstädten wie Hamburg, München oder Frankfurt gibt es kaum Flirtläden für unser Alter. Und wie muss das erst auf dem Land sein? Kirsten will sich einen Ruck geben. Die Vorstellung von einer «alten Jungfer» oder einem «späten Mädchen» findet sie schrecklich. Auf keinen Fall möchte sie zu den Vierzigjährigen gehören, die schon mit dem Thema Liebe abgeschlossen haben. Sie will sich nicht so in ihren Alltag einleben, dass sie Männer gar nicht mehr an sich ranlässt. Wenn sich mal einer für sie interessiert, will die smarte und wortgewandte Frau das auch zulassen. Vielleicht entsteht ja was daraus?

Nicht wie ihre Kollegin, die Kerstin noch nie von einem Date erzählt hat. Dabei arbeiten sie schon seit fünfzehn Jahren im selben Büro. «Ich hätte am liebsten einen Mann, drei Kinder und ein langweiliges Vorstadt-Leben», sagt diese manchmal in der Mittagspause. Mögliche Interessenten, und davon gibt es einige in ihrem Büro, vertreibt sie aber mit zynischen Kommentaren und gemeinen Sprüchen. An den Wochenenden ausgehen? «Nein, da kümmere ich mich doch lieber um Wohnung und Balkon!» Sie gehe höchstens noch zum Sport vor die Tür.

Das will Kerstin auf keinen Fall. Ihre Freundin Marie geht jetzt viel mit ihr aus: auf Partys, zu Abendessen mit Freunden, zu Konzerten, ins Theater, sogar zu Fußballspielen – alles Orte, an denen sich auch Männer herumtreiben. Heute ist Kirsten auch wieder online unterwegs. Marie hat ihr ein Schnupper-Abo bei der Konkurrenz von Parship besorgt. Klingt weniger seriös, aber scheint besser zu funktionieren. «Schreib bloß nicht, dass du 39 und kinderlos bist», riet ihr Marie noch. «Dann denken die noch, du willst ihnen ein Kind andrehen. Und auf keinen Fall, dass du ganz okay aussiehst. Dann kannst du gleich eintragen, dass du hässlich wie ein Eimer bist. Und kein Wort über den Ex, Krankheiten, Gewichtsprobleme und Sternzeichen.» Das alles hat sie gemacht. Inzwischen fährt sie auch mal für ein Wochenende nach München, Essen oder Magdeburg. «So lerne ich neue Städte und neue Männer kennen», erzählt sie.

Zum Beispiel einen 42-Jährigen, der das erste Date bei seiner Mutter ansetzt. Oder der Architekt mit dem Öko-Fimmel, der mit ihr unbedingt Tango tanzen will, obwohl sie Tango nicht ausstehen kann. Manchmal sind ihre Verabredungen nach einem Drink vorbei. «Ich bin an Orte gekommen, die ich ansonsten niemals aufgesucht hätte. Dort fühlte ich mich nicht wohl. Nach dreißig Sekunden wusste ich: Das wird nichts.» Einmal hat sich einer bei einem Date mit ihr direkt nach der Begrüßung umgedreht und ist wortlos gegangen. Mit der Zeit hat sie sich ein dickes Fell zugelegt. Sie macht Männer, die ihr nicht gefallen, genauso gnadenlos nieder, wie sie selbst schon niedergemacht wurde.

Heute sieht Kirsten Online-Dating etwas spielerischer. Sie hat gelesen, dass heute knapp dreizehn Beziehungen nötig sind, um vor dem Traualtar zu landen, vor fünfzig

Jahren waren es nur 1,8 im Schnitt. Seither trifft sie sich häufiger mit Männern aus der Online-Partnervermittlung. «Ich glaube inzwischen, dass es vielleicht die Masse macht. Und ehrlich gesagt, will ich auch mal wieder einfach knattern. Oder sagt man heute noch bumsen?»

Rainbowtours für reifere Männer

In der zweiten Runde gehen Vierziger ganz neue Wege, dann versuchen sie es auch mal mit einer anderen Generation. Immerhin sieben Prozent der 35- bis 40-jährigen Frauen heiraten heute Männer, die bis zu zehn Jahre jünger sind. Vielleicht ist es mit ihnen ja leichter, entspannter, lustiger? Auch Männer lassen sich mit vierzig gerne mit deutlich jüngeren Frauen ein. Und viele sind überrascht, dass diese überhaupt mitmachen. Für Männer hat der vierzigste Geburtstag nämlich auch Vorteile: Sie werden nach einer Studie des Meinungsforschungsinstituts Gewis für jüngere Frauen erst interessant. Frauen unter vierzig schätzen an Männern über vierzig, dass sie maskuliner wirken als jüngere Männer (55 Prozent), einfühlsamer sind (46 Prozent), über eine höhere Bildung (44 Prozent) und mehr Erfahrung (41 Prozent) verfügen. Alles Gründe, warum manche Männer über vierzig plötzlich wieder bei Studentinnen Chancen haben, die noch vor zehn Jahren nicht das geringste Interesse zeigten.

Wie Martin, der Geschäftspartner von Marcus. Seit sich seine Frau vor zwei Jahren von ihm getrennt hat, erziehen beide abwechselnd ihre vierjährige Tochter Chiara. Das heißt: Martin hat Chiara jedes zweite Wochenende. Von dem Schock hat er sich relativ schnell erholt – was auch daran liegt, dass er Judith kennengelernt hat. Judith ist 22 und geht auf die Uni. Manchmal sagt sie kurzfristig ab, weil sie noch eine Hausarbeit machen muss oder einen Kurs in Keilschriftkunde absolviert – eines von vier Studienfächern, das sie bisher begonnen hat.

Martin war schon klar, dass das nicht mehr ganz seine Welt ist. Aber irgendwie war er auch begeistert von ihrer Leichtigkeit, dem aufregenden Sex und den vielen Möglichkeiten, die sie noch hat. Und irgendwas schien auch Judith an Martin zu finden: die ruhige Art, die Erfahrung und seine leicht ergrauten Schläfen: «Manchmal denke ich, dass Judith einen Vaterkomplex oder so was hat. Aber das ist mir egal, ihre Eltern wohnen ja schließlich weit weg in Hessen.»

Irgendwann schlug Judith aber vor, ein Wochenende zu den Eltern zu fahren. Warum nicht, dachte Martin. «Aber als wir dann in der Villa im Taunus ankamen, veränderte sich Judith schon am Gartentor, im Haus dann nochmal. Sie sprach plötzlich in einem anderen Tonfall, irgendwie kindlicher.» Nach dem ziemlich verkrampften Essen mit dem konservativen Vater hielt Judith mit naiven Fragen eine Diskussion zwischen den beiden Männern in Gang. Erst ging es um Allgemeinwissen, dann um Reisen und schließlich um ihr Gehalt.

Martin wurde die Situation immer unangenehmer. «Ich hatte den Eindruck, hier sollten alte Rechnungen beglichen werden. Und ich sollte dabei die Rolle des Drachentöters spielen.» Verständlich, dass er sich nicht darauf eingelassen hatte. «Das ist doch überhaupt nicht meine Baustelle.» Die Heimfahrt in Martins altem Volvo war dann frostig, eine paar Wochen später hat sich Judith von Martin getrennt. Als Drachentöter hatte er versagt.

Ein paar Wochen später hatte Martin wieder eine neue Frau «am Start», eine Freundin von Judith, die er zufällig getroffen hatte. Sie war einundzwanzig und «umwerfend». Immer wieder erzählte Bianca von ihren Erlebnissen beim Klettern. Martin war bis über beide Ohren verliebt. Vermutlich auch der Grund, warum er zustimmte, den ersten gemeinsamen Urlaub mit dem Reiseveranstalter Rainbow Tours zu machen. Das Ziel war Korsika. Sechzehn Stunden Busfahrt mit einer Gruppe daueralkoholisierter Zwanzigjähriger standen am Anfang der Reise. Um den Zeitplan einzuhalten, weigerte sich der Busfahrer, häufiger als alle vier Stunden eine Pinkelpause zu machen. Außer Martin schien das niemanden zu stören.

Auf Korsika angekommen, stellte sich heraus, dass sie nicht die eigentlich gebuchte «Trekking-Tour für Anfänger» erwartete, sondern die Besteigung eines 2700 Meter hohen Gipfels. «Der erste Tag wird ganz entspannt», sagte der Bergführer. Endlich im Zeltlager angekommen, waren Martin und Bianca vollkommen ausgelaugt – und weigerten sich weiterzumarschieren. Die beiden machten sich auf den Rückweg. Als sie im Lager in ihrem Zwei-Mann-Zelt einschliefen, wies Martin noch auf den romantischen Regen auf dem Zeltdach hin. Am nächsten Morgen war um ihn herum Wasser. «Wie in einem Comic trieb meine Kamera und mein iPod an mir vorbei. Das ganze Zelt stand unter Wasser. Alles nass.»

Zum Glück war eine Berghütte in der Nähe, in die sich beide flüchten konnten. Da eines der Betten nass war, legten sie sich in das andere kaum vierzig Zentimeter breite Lager. Es begann wieder zu regnen, durch das undichte Dach auch in die Hütte. «Und zwar an gefühlten siebzehn Stellen gleichzeitig.» Den Rest der Nacht verbrachten sie damit, mit Eimern und Gläsern von einer Ecke in die andere zu laufen und Tropfen aufzufangen. «Es war ein Horror. Aber außer mir schien das keinen wirklich zu stören.» Die anderen Teilnehmer der Reise haben nämlich wenig davon mitbekommen. Sie waren betrunken und schliefen noch. Einer der Trekking-Touristen saß auch am nächsten Tag den ganzen Tag auf der Veranda einer dieser Holzhütten, las Comics, rauchte und schüttete ein Bier nach dem anderen in sich hinein.

Das war auch der Moment, an dem sich Martin überlegte, ob seine neue Freundin nicht vielleicht doch zu jung für ihn war. Aber er hatte wenig Zeit, darüber nachzudenken, denn er war zu sehr damit beschäftigt, seine Klamotten im Dauerregen von Korsika vor dem Verschimmeln zu retten. Natürlich war Martin froh, nach ein paar Tagen und einer sechzehnstündigen Busfahrt, bei der er keinen Schluck getrunken hatte, wieder in Bremen zu sein. «Danach wollte ich erst mal meine Ruhe und mich ausruhen. Und den nächsten Urlaub mit einem Twen plane ich selbst. Vorher kläre ich noch, ob sie einen Vaterkomplex hat.»

Marie ist auch auf den Geschmack gekommen. Seit dem Ende ihrer Ehe ist sie extrem auf ihre Unabhängigkeit bedacht. Sie macht Karriere als Industriedesignerin, reist viel und lässt sich auf nichts Festes mehr ein. Seit kurzem ist sie mit einem elf Jahre jüngeren Kollegen zusammen. «Wir merken den Unterschied gar nicht», so Marie. Was soll sie auch sonst sagen? Aber die beiden ähneln sich tatsächlich auffällig: Er trägt Jeans, Turnschuhe und Hemd; sie ebenfalls. Beide wirken extrem sportlich.

Marie sieht auch nicht aus wie vierzig – zumindest nicht wie vierzigjährige Frauen vor dreißig Jahren. Ihr ist es gelungen, ihren Körper mit viel Sport, eiserner Disziplin, ein paar Cremes und gezielten chirurgischen Eingriffen auf einem bestimmten Niveau zu konservieren – in etwa zwischen 29 und 33 Jahren. Auch modisch unterscheidet sie sich kaum von zehn Jahre Jüngeren. Warum also sollte sie nicht mit Mike zusammen sein? Stattdessen lieber mit einem schlechtgelaunten Mann in ihrem Alter leben, der Unterhalt an die Exfrau zahlen muss und jedes zweite Wochenende seine Kinder statt mich betreut? «Mit Mike ist alles ganz unbeschwert und frisch. Er ist weniger egoistisch und weniger vermurkst als viele Männer in meinem Alter. Und nachts ist es auch ganz große Oper.» Ganz anders als bei ihrem Exmann. «Mein Ex wurde immer genügsamer im Bett, während ich besonders ab 35 immer mehr wollte – und immer mehr Spaß hatte.»

Zuerst mochte sie gar nicht darüber reden, dann machten ihre Freundinnen aber ähnliche Erfahrungen: «Vor zehn Jahren haben sich meine Freundinnen noch darüber beklagt, dass ihre Männer zu viel Sex wollten. Bei jeder Gelegenheit.» Heute ist das umgekehrt. «Jetzt wollen die Ehemänner zu wenig. Meinem Ex etwa reichte am Ende einmal die Woche völlig aus; bei mir ist das anders. Ganz anders. Bei einem jüngeren Mann fühle ich mich da besser aufgehoben. Und was soll eigentlich schlimm daran sein?»

Tatsächlich haben Männer mit dreißig Jahren noch bis zu sechsmal im Monat Sex, ab vierzig fällt die Quote aber auf nur noch zwei- bis dreimal. Auf diesen immer lustloseren Mann trifft eine immer lustvollere Frau. Das kann nicht gutgehen. «Sex ab Mitte dreißig wird immer besser. Täglich», findet Marie. «Viele Frauen, so ist mein Eindruck, haben sowieso erst ab Mitte dreißig richtig Spaß daran. Aber das merken viele Männer gar nicht», sagt sie. «Ich hatte zwar mit 18 Jahren erstmals Sex, aber so richtig scharf darauf war ich lange nicht. Das ist wie im Job. Erst wenn man es richtig kann, macht es Spaß.» Sie glaubt, es liege an einer Kombination aus Reife, Selbstironie und Hormonen.

Alterslose Frauen

Das war nicht immer so. Unsere Großmütter waren mit vierzig meistens schon selbst Großmütter. Und vor dreißig bis vierzig Jahren waren die meisten Frauen mit vierzig verheiratet und etwas runder um die Hüften. Sie hatten Kinder, praktische Frisuren, trugen Flanellröcke und bequeme Schuhe. Der Kinsey-Nachfolgereport «Sexwende» kam 1994 noch zu dem Ergebnis, dass die Hälfte der amerikanischen Frauen über vierzig gar keinen Sex mehr hat. Auch Dating-Agenturen organisierten in den frühen neunziger Jahren noch nicht wie heute Single-Reisen für Frauen ab vierzig. Ihre Begründung damals: Die dazugehörigen Männer fehlen schlichtweg. Soziologen sprachen von einer «erotischen Tarnkappe», die sich über die Frau ab vierzig stülpt.

Heute ist das anders. Vor allem in Städten trifft man einen neuen Frauentyp vierzig plus. Sie sind unabhängig, selbstbewusst, erfolgreich – und alterslos. Man würde sie zwischen 29 und 37 Jahren schätzen. Sie ähneln ihren Müttern im selben Alter weniger als den heute Zwanzigjährigen. Sie tragen fast dieselben Klamotten wie Twenty-Somethings oder sogar wie die eigenen Kinder im Teenageralter.

Zu diesen neuen selbstbewussten Alphafrauen gehört auch Marie. Bei ihr hat man auch in den Singlephasen nie den Eindruck, dass sie etwas anderes will. Anders als in der Generation unserer Eltern haftet Singles ja auch kein Stigma mehr an. Sie sind längst keine etwas belächelten «alten Jungfern» oder «schrulligen Junggesellen» mehr. Im Gegenteil, eine ganze Industrie aus Modemachern, Gastronomen und Reiseunternehmern schätzt sie als kaufkräftige Klientel. Marie ist ein gutes Beispiel. Sie verbringt ihren Urlaub manchmal allein und manchmal mit Freunden, meistens in Thailand. Zu Hause geht sie fast täglich aus: in Bars, Clubs und auf Partys. Sie trinkt dabei am liebsten Manhattan – wie das New Yorker Single-Quartett aus der TV-Serie «Sex and the City», die sie komplett auf DVD besitzt.

«Kinder, Familie – das ist nichts für mich!», sagt sie – und man nimmt es ihr ab. Sie hat ein riesiges soziales Netzwerk aus alten Freunden und neuen Bekannten, mit denen sie sich regelmäßig trifft. Ihr Leben ist so vollgestopft mit Terminen und Verabredungen, dass eigentlich gar kein

Mann mehr reinpasst. Meistens vermittelt sie auch den Eindruck, dass sie eigentlich gar keinen sucht – zumindest nicht für länger und schon gar nicht «um jeden Preis». Selbstbewusste Alphafrauen wie Marie sind extrem anspruchsvoll. Sie wissen genau, was sie wollen – und noch besser, was sie nicht wollen: «Wenn ein Mann eine SMS schickt mit einem Smiley, dann ist das Ding gegessen», sagt sie. «Ein Smiley, und ich schreibe nie wieder zurück. Ganz klar!» Langzeitbeziehungen sind nicht ihre Sache, denn an Beziehungen will sie nicht arbeiten. «Nach einigen Jahren oder Monaten ist einfach die Luft raus. Entweder man lässt sich darauf ein, oder eben nicht.» Zum Therapeuten würde Marie nie gehen. «Beziehungen kann man nicht wie Krankheiten kurieren!»

Fragt man sie in ihren wenigen stillen Momenten, sagt sie allerdings, dass sie eigentlich einen Mann sucht, zu dem sie aufschauen kann: «In Wirklichkeit suche ich einen Typ, der mir die Welt zeigt, überlegen ist, Stil hat und Geschmack.» Aber wer bleibt da noch übrig? Und warum überhaupt «aufschauen»? Marie gehört doch zu der ersten Generation Frauen, die das gar nicht nötig haben. Sie haben eine mindestens ebenso gute Ausbildung wie die Männer, einen coolen Job, genügend Geld und mehr Stil.

Trotzdem wählen Frauen auch heute – als ob es die Emanzipation nie gegeben hätte – Männer, die ihnen sozial mindestens ebenbürtig oder sogar überlegen sind. Mit vierzig sind aber viele der gut ausgebildeten Single-Frauen unserer Jahrgänge beruflich auf dem Höhepunkt. Wie viele Männer gibt es dann noch auf dem Markt, die ihnen das Wasser reichen können? Kein Wunder, dass Akademikerinnen über vierzig zu den am schwersten vermittelbaren Gruppen gehören. Ihr Problem: Die guten Männer sind abgefischt, und der Rest hat Angst vor ihnen. Vor allem aber sind ihnen die meisten Männer zu mittelmäßig. Manchmal stehen sie sich selbst im Weg. So blöd wären sie mit fünfundzwanzig noch nicht gewesen.

Heute, mit vierzig, haben wir genug Beziehungserfahrungen, um aus unseren Fehlern auch mal was zu lernen. Wie Bertram und Stefanie. Beide haben sich vor ein paar Jahren von ihren Partnern getrennt. Beide haben in der ersten Runde Jahre gebraucht, um sich auf «irgendwas Festeres» einzulassen. Bertram lebte über sechs Jahre mit Jana zusammen, bis er ihr endlich einen Heiratsantrag machte. Auch Stefanie zierte sich, bis sie in die Ehe einwilligte. Jetzt in der zweiten Liebesrunde ist alles anders. Jetzt kann es gar nicht schnell genug gehen. Die beiden kannten sich gerade mal sechs Wochen, als sie nicht nur zusammenzogen, sondern gleich eine Eigentumswohnung kauften, mit einem Kredit über eine Laufzeit von fünfzehn Jahren.

Die Freunde rieten dringend ab. «Ihr kennt euch doch erst seit ein paar Wochen. Schaut doch erst mal, wie ihr euch versteht, bevor ihr euch diese teure Wohnung ans Bein bindet.» Aber das interessierte sie nicht. Gerade eingezogen, verkündeten sie, dass sie ein Kind bekommen. Es hätte niemanden gewundert, wenn sie auch noch schnell geheiratet hätten. Immerhin warteten sie damit bis kurz nach der Geburt ihrer Tochter. Insgesamt brauchten sie noch nicht mal ein Jahr für das ganze Programm: Zusammenziehen, Kind, Heirat. Und was wollen sie jetzt anders machen als beim ersten Mal? «Ich habe drei Sachen aus der ersten Ehe gelernt», sagt Stefanie. «Es gibt jetzt keine Abhängigkeiten zwischen mir und Bertram. Ich versuche in der Beziehung, nichts für selbstverständlich zu halten, und gebe nicht mehr jedes Geheimnis preis.»

Auch Marcus und Natalja wollen jetzt alles anders – und vielleicht sogar besser – machen als mit fünfundzwanzig. Der Fotograf und die Werbekauffrau aus der Ukraine kannten sich gerade mal ein paar Monate, als sie das Aufgebot bestellten. Inzwischen haben sie schon ihr zweites Kind bekommen. Mit dreißig wäre das nichts für Marcus gewesen. Da reihte sich bei ihm eine Freundin an die nächste. Nach spätestens zwei Jahren fragten wir uns, wann es denn mal wieder so weit sei. Tatsächlich: Sobald es um Kinder, Zusammenziehen oder Heiraten ging, war Marcus weg. Sogar bei Kerstin.

Eigentlich begann er sich zu distanzieren, wenn nach der anfänglichen Euphorie des Kennenlernens der wenig glamouröse Alltag begann. Marcus wollte die große Liebe finden, sich aber unter keinen Umständen auf Alltägliches einlassen. Es ging ihm schon auf die Nerven, wenn Kerstin mal im gammeligen Hausanzug auftauchte und «einfach mal gemütlich Fernsehgucken wollte». Oder wenn er mal über Ostern zu ihren Eltern mitkommen sollte. Nein, er glaubte, Alltag sei nicht gut für die Liebe, oder er spekulierte, dass immer noch etwas Besseres kommen würde. Immerhin konnte er sich irgendwann dazu durchringen, mit Kerstin hin und wieder einen Kurzurlaub zu riskieren. Mehr war aber nicht drin.

Umso erstaunlicher also, dass es ihm jetzt mit knapp vierzig gar nicht schnell genug gehen kann. Kaum hat er

Natalja kennengelernt, zieht er auch schon mit ihr zusammen. Und kaum haben sie sich eingerichtet, kommt auch schon das erste Kind. Als ich nachhake, sagt er nur: «Was willst du denn?! Irgendwann muss es doch mal die Richtige sein.» Und Natalja war eben zum richtigen Zeitpunkt am richtigen Ort. So zögerlich sie in Runde eins waren, so schnell geht es bei Marcus und Co. in der zweiten. Alle Bedenken werden um den 40. Geburtstag beiseitegewischt: Wir haben genug von Spielchen. Warum lange abwägen und abwarten?

Frauen, die in unserem Alter nach Karriere und mehreren Beziehungen immer noch den Wunsch nach Familie haben, wollen keine weitere Extrarunde mehr drehen, um einen Mann zu finden, der der perfekte Vater ihrer Kinder sein könnte. Das gilt auch für die Männer um vierzig. Sie wissen: Alles hat seinen Preis. Mr. und Mrs. Perfect gibt es eh nicht. Also arrangiere dich gefälligst mit dem Fast-Perfekten!

Patchworking für Anfänger

Nach diesem Motto lebt inzwischen auch Martin. Inzwischen wohnt er mit Maren zusammen, eigentlich mit Maren und ihren beiden Mädchen (sechs und elf Jahre). Das war nach dem Desaster mit Judith, die ihm bei ihrer Bottle-Party im Wohnzimmer umstandslos ihren neuen Freund vorstellte: ein Surfer-Typ, der natürlich viel jünger war. Danach wollte Martin erst mal nichts von Frauen wissen, weder von jüngeren noch von älteren.

Dann hat er sich doch wieder verliebt – Maren (41) hat zwei Kinder; redet aber nicht pausenlos von ihnen. Als eine von drei Tischdamen hatte sie sein bester Freund zu einem Dinner eingeladen, weil er Martins Gejammer nicht mehr ertragen konnte. Maren saß zufällig neben ihm. Mit den anderen beiden konnte er sich wegen der großen Blumen auf dem Tisch kaum unterhalten. Mit Maren hat er den ganzen Abend geredet. Sie hatten sofort ein gemeinsames Gesprächsthema: einen neuen Hollywoodfilm, den beide richtig scheiße fanden.

An das Leben von Maren und den Kindern musste er sich aber erst gewöhnen. «Ich hatte das Gefühl, ich spiele in der TV-Serie ‹Ich heirate eine Familie› mit.» Wenn er sich mit Maren traf, waren die Kinder meistens dabei. Jedes zweite Wochenende sind sie bei ihrem Vater, den Martin auch schon mal getroffen hat: ein jung gebliebener Mittvierziger, der Martin immer misstrauisch anschaut. Plötzlich sitzt Martin in dem viel zu großen Haus mit Garten am Stadtrand. Abends wartet er im Wohnzimmer, bis Maren ihre Gutenachtgeschichten vorgelesen hat. Anfangs fühlte er sich gar nicht wohl in der neuen Situation. Er wusste nicht so recht, wie er sich verhalten sollte. Woher auch? Zunächst hielt er sich zurück: «Bloß keine Erwartungen an die Kleinen.

Die beiden Mädchen machten es ihm auch nicht leicht. Beim gemeinsamen Frühstück setzten sie sich demonstrativ von ihm weg und bei der Mutter auf den Schoß: «Sie waren vermutlich eifersüchtig, und der neue Mann auf Papas Küchenstuhl war ihnen nicht ganz geheuer.» Daraufhin nahm er sich noch mehr zurück. Bis ihn die elfjährige

Caroline mal ganz direkt fragte, warum er denn nicht mal mit ihr Fußball spielen würde. Sie habe den Eindruck, dass es ihm hier keinen Spaß mache. Wahrscheinlich hatte sie recht. Eines Abends sagte er zu Maren: «Es passt nicht mit uns beiden. Du bist nett, die Mädchen sind nett. Aber das ist nicht mein Leben. Ich fühle mich nicht wohl bei euch. Und ich habe das Gefühl, dass ich mich dabei selbst verliere.» Dazu konnte Maren natürlich nicht viel sagen.

Wenn Kinder aus anderen Beziehungen im Spiel sind – und das ist in unserem Alter immer häufiger der Fall –, steht der Partner doppelt auf dem Prüfstand. Er muss nicht nur mit dem neuen Partner, sondern auch noch mit den zunächst komplett fremden Kindern auskommen. Dabei hatte er keinerlei Vorbereitungszeit. Vor der Geburt haben Eltern ja zumindest neun Monate, um sich an den ersten Auftritt des Kindes zu gewöhnen. Martin hatte diese Zeit nicht. Er kam in eine Kleinfamilie und sollte dort einen Platz einnehmen. Dabei hatte er keine Ahnung, was genau von ihm erwartet wurde. Also machte er Schluss.

Aber Maren ging ihm nach der Trennung nicht mehr aus dem Kopf. Als er sie ein paar Wochen später bei einer Party traf, knutschten sie auf dem Balkon wild herum. Vielleicht sollten wir es nochmal versuchen, dachte sie am nächsten Morgen. «Vielleicht sollten wir es nochmal versuchen», sagte er beim Frühstück. «Diesmal machen wir es ganz anders.» Diesmal kam er mit seiner kleinen Tochter Chiara (4) vorbei. Da er sie nur jedes zweite Wochenende hatte, sind sich die Kinder vorher nur einmal kurz begegnet.

Jetzt sind alle zusammen zum Ponyreiten gegangen. Maren und Martin waren etwas nervös, weil sie nicht wussten, ob das funktioniert. Wer sollte den Kindern jetzt eigentlich was sagen? Wer durfte ihnen was erlauben und wer verbieten? Aber die drei Mädchen interessierte das gar nicht. Sie amüsierten sich bestens und spielten so, als ob sie sich schon lange kennen würden. Manchmal schlafen heute alle fünf in Martins Wohnung, obwohl die viel zu klein ist. «Das passt jetzt besser», sagt Martin heute. «Und das Beste ist: Die Babysitterfrage hat sich von allein geklärt.»

Dieses Patchworking ist neu für Martin. Manchmal fordert es ihn ganz schön, aber es zeigt ihm auch die Möglichkeiten des Unperfekten und Unfertigen. So geht es vielen Vierzigern. Auf den ersten Blick komplizierte Konstruktionen werden spielend leicht gehandhabt: Es gibt Wochenendpapas, Wochentagspapas und «Ich-fahr-die-Kinder-jeden-Morgen-in-den-Kindergarten»-Papas. Dazu Vollzeitmamas, Unter-der-Woche-Mamas und Stiefmütter. Bei allen Beteiligten führt das zu mehr Realismus. Der Vorteil: Sie können die Liebe und den dazugehörigen Alltag besser genießen.

Gerade da liegt die Chance der Vierziger. Weil sie nicht mehr wie mit fünfundzwanzig bestimmte Vorstellungen von Beziehung und Familie im Kopf haben, können sie heute ganz neue Wege gehen – auch mit dem alten Partner. Ehepaare treffen sich dann beim Therapeuten und kommen aus ihrer Krise mit ganz neuen Vorsätzen heraus: Sie wollen sich bei einer Weltreise noch einmal ganz neu kennenlernen. Oder sie gehen endlich mal in den Swinger-Club. Manche Vierziger, die wegen der Kinder ganz zufrieden zusammenleben, suchen ihre sexuellen Abenteuer anderswo. Aus starren Ehen werden extrem flexible Dreiecksbeziehungen, die Jahre dauern können. Manchmal entschließt sich auch ein Partner dazu wegzuziehen, um die Ehe zu retten: An den Wochenenden entsteht plötzlich wieder etwas Neues. Es gibt Vierziger, die mit einer dauerhaften Fernbeziehung und viel Arbeit dazwischen absolut zufrieden sind.

Alle schwanken sie zwischen der Sehnsucht, endlich irgendwo anzukommen, und der nach Aufbrüchen. Diesen typischen Zwiespalt der Vierziger leben sie allerdings einfach aus. Sie wollen beides – und sie fahren gut damit. Die neue Vielzahl an Liebesoptionen bringt uns nämlich, wenn es gut läuft, zu einer Leichtigkeit, die wir uns gar nicht mehr zugetraut hätten.

Wir werden immer mehr wie Papa –
oder Mama

Eigentlich wollte ich mir nur ein Mountainbike kaufen. Das gleiche Modell oder zumindest ein ähnliches wie jenes, das mir kürzlich vor dem Kino geklaut wurde. Großstadtbewohner denken, dass sie Mountainbikes brauchen, obwohl sie damit nie in den Wald und schon gar nicht in die Berge fahren, sondern höchstens mal übers Kopfsteinpflaster der Fußgängerzone brettern. Natürlich ohne Schutzblech, Ständer, Gepäckträger, aber dafür mit diesen Aufsteckklampen, die alle zwei Wochen kaputtgehen. In meinem Viertel fahren die meisten so ein Rad – also wollte ich auch eines. Das machte ich dem Verkäufer klar, der mich darauf einige Modelle Probe fahren ließ.

Nachdem ich schwerfällig vom fünften Rad gestiegen war, fragte er mich, wofür ich es überhaupt nutzen wolle. «Planen Sie mehrstündige Touren in den Alpen?» Noch nie habe ich im Traum an Radfahren in den Bergen gedacht. Mir reicht es schon, die Schinderei bei der Tour de France im Fernsehen zu verfolgen. «Nein, nur ins Büro, aber jeden Tag. Das dauert zehn Minuten, je nach Verkehr.» «Und warum kaufen Sie sich nicht was Passendes? Ich zeige Ihnen mal was.» Der Verkäufer, gefühlte fünfundzwanzig

Jahre, führte ein Modell von der gleichen Firma vor. Es sah allerdings vollkommen anders aus: gemütlicher Sattel, sieben Gänge, Gepäckträger, Nabendynamo, Vorder- und Rücktrittbremsen, Ständer – und am schlimmsten: keine Reifen mit dickem Profil. Also überhaupt kein Mountainbike. «Passt auch besser zu Ihrem Alter», sagte er und verschwand in seinem Laden.

Ich habe es sofort gekauft – ohne Probefahrt. Ich wusste einfach, dass er recht hatte. Und ich wusste, dass das ein enorm praktisches Rad war. Auf dem Gepäckträger stand nämlich «bis 20 kg». Also konnte auch meine Tochter darauf sitzen. Sie wiegt zwar 23 Kilogramm, aber so genau nehmen sie es bestimmt nicht mit den Gewichtsangaben. Bis heute bin ich ziemlich zufrieden mit dem Rad. Und wollte an dieser Stelle mal dem Verkäufer danken. Ein Dämpfer folgte allerdings, als ich meine Eltern kürzlich besuchte. Mein Vater zeigte mir stolz sein neues Rad. Es war bis auf die andere Farbe (dunkelgrün) exakt das gleiche Modell wie meins (natürlich schwarz). «Sieht toll aus», sagte ich. Mehr nicht. Bis heute weiß er nicht, dass ich dasselbe Rad habe. Immer wenn er mich besuchen kommt, schleppe ich mein neues Rad die steile Treppe den Keller hinunter und schließe es ein.

Natürlich wollten auch wir mal anders werden als unsere Eltern. Wie jede Generation. Wir wollten nicht spießig werden, nicht routiniert, nicht schlechtgelaunt. Wie jede Generation wollten wir alles ganz anders machen: Beruf, Familie, Lebensstil, Wohnen, Einkaufen, Klamotten, Musikgeschmack. Vor allem wussten wir dabei, was wir nicht wollten: nicht am Wochenende die langweiligen Tanten und Onkel zum Kaffee besuchen. Nicht die Beilagen mit den Sonderangeboten der Supermärkte vergleichen. Keine unnützen Dinge wie Eierschneider kaufen, die dann in den Regalen der vielen Rumpelkammern irgendwo im Haus oder in der Doppelgarage verstauben. Nicht wie Papa nine to five arbeiten, nach der Arbeit im Stau stehen und nach dem Stau Bier trinken («Aber höchstens zwei!»). Und nicht wie Mama klaglos den Haushalt schmeißen, während der Rest der Familie die Füße hochlegt.

«Ich wollte nie in einer Ehe leben, in der man so miteinander umgeht wie meine Eltern», sagt Julia heute. Sie erinnert sich noch genau daran, wie wenig ihre Eltern beim Abendbrot redeten, wie sie den Blicken des anderen auswichen und wie einsilbig manche Antworten ausfielen. «Bei uns zu Hause wurde kaum gelacht.» Körperkontakte wurden auch immer seltener. Wenn sie Krach miteinander hatten, gaben sich die Eltern abends nicht mal einen Begrüßungskuss. «Ich will mit Eheproblemen auf jeden Fall anders umgehen», sagt Julia heute. Das hat sie sich fest vorgenommen. Vor allem will sie sich nicht scheiden lassen wie ihre Eltern. Damit das nicht passiert, soll bei ihr alles perfekt sein: das Haus, der Garten, die Kinder, die Geburtstagsfeste, die gute Laune, die Paartherapie.

Manchmal wirkt Julia bemüht, wenn sie den Familienalltag am Laufen hält. Besonders angespannt ist sie, wenn ihre Eltern nach Jahren wieder aufeinandertreffen. Das kommt nicht häufig vor, denn eigentlich will sich Julias Mutter nicht mehr in einem Raum mit ihrem Exmann aufhalten. In den letzten Jahren häuften sich allerdings die Anlässe, bei denen es sich kaum vermeiden ließ: die Heirat, die Geburt der beiden Kinder, die Taufen. Schon bei der Hochzeit mit Andreas weigerte sich ihre Mutter zu kommen, wenn ihr Ex auch dabei ist, «noch dazu mit seiner Neuen». Aber dann ließ sie sich doch überreden, «wegen der Kleinen». Je näher die Trauung rückte, desto nervöser wurde Julia. Sie ahnte schon, dass das schieflaufen würde. Aber ihre Mutter beruhigte sie: «Ich bekomme das schon hin. Setz mich einfach ans andere Ende der Tafel!» Zunächst lief auch alles bestens.

Irgendwann hatte ihre Mutter auf fast leeren Magen ein paar Glas Weißwein getrunken. Zuerst redete und lachte sie nur lauter. Sie wollte ihrem Exmann offenbar zeigen, dass sie sich gut amüsiert, auch ohne neuen Partner. Gegen Mitternacht ist sie dann zu ihrem Ex rüber und hat ihm irgendetwas an den Kopf geworfen – laut genug, dass «die Neue», mit der er auch schon über fünfzehn Jahre zusammenlebte, es hören konnte. Dann ist sie auf die Terrasse verschwunden und hat sich bei ihrer Schwester ausgeheult. Bei der Taufe wollte sich Julias Mutter besser schlagen, aber es lief wieder ganz ähnlich ab. «So etwas will ich später mir und meinen Kindern nicht zumuten», sagt Julia. «Ich verkrache mich zwar hin und wieder mit Andreas, aber an Scheidung denke ich nie.»

Auch ihre Freundin Andrea kommt aus einer Scheidungsfamilie. Sie reagiert allerdings ganz anders: Sie kokettiert ganz offen damit. «Leute, ich bin ein Scheidungskind, deshalb habe ich einen Hau und bin vollkommen beziehungsunfähig. Nehmt mich bitte nicht für voll in Liebesdingen», sagt sie und lacht dabei. Diese Erklärung klingt fast wie eine Generalamnestie für das Durcheinander in ihrem Leben. Manchmal beneidet Julia ihre Freundin um diese Haltung, manchmal hat sie ihre Zweifel, ob diese Koketterie echt ist. Noch immer bringt es Andrea nämlich ehrlich auf die Palme, wenn Kollegen erzählen, dass sie sich schon auf Weihnachten bei den Großeltern freuen: Tannenbaum, Opa als Weihnachtsmann, große Tafel.

Für Andrea ist Weihnachten die schrecklichste Zeit des Jahres. Sie pendelt dann am ersten Weihnachtsfeiertag nach der Bescherung von ihrem Vater in Frankfurt zur Mutter nach Hanau. Dort wird sie dann sofort ausgefragt: «Wie war die Stimmung dort? War die Neue dabei? Was, nur ein Hemd!? Na, dicke haben sie es wohl nicht mehr!» Nach dieser Runde stille Post gibt es zum Braten eine Runde versteckte Vorwürfe: Warum bist du so lange bei Papa geblieben? Warum wohnst du nicht noch ein paar Tage hier? Wir machen dann noch ein paar schöne Ausflüge! Früher hat Andrea ihren Eltern in regelmäßigen Abständen vorgeworfen, dass sie sich haben scheiden lassen: «Wie konntet ihr nur!» Inzwischen hat sie selbst eine Scheidung hinter sich und müsste sich dasselbe von ihren Kindern fragen lassen.

Die meisten Vierziger sind aber keine Scheidungskinder. Sie sind in Kleinstädten und Dörfern aufgewachsen. Dort ist die Chance, dass die Eltern noch zusammen sind, höher als in Städten wie Frankfurt oder Berlin. Dort ließ man sich auch in den siebziger Jahren nicht so einfach scheiden. «Schon wegen der Kinder und wegen der Nachbarn.» In meiner Schulklasse gab es gerade mal zwei Mitschüler, die nicht in einer Kleinfamilie aufwuchsen: Eine Klassenkameradin lebte zusammen mit der Mutter bei den Großeltern, eine andere wohnte bei ihrem neuen Papa. Der Rest hatte verheiratete Eltern und mindestens noch ein Geschwister. So war das eben in den späten Siebzigern in einer Kleinstadt.

Manchmal fanden wir uns deswegen später langweilig, besonders wenn andere Großstadtkinder von ihrem Leben in WGs und Landkommunen erzählten oder von den verschiedenen Männern ihrer Mutter. Heute sind wir fast ein bisschen stolz auf unsere Eltern, wenn sie goldene Hochzeit feiern. Oder wir fragen uns: Wie haben sie das nur hinbekommen? Besonders wenn wir selbst schon die erste Ehe an die Wand gefahren haben, finden wir das Leben der Eltern gar nicht mehr so schrecklich spießig wie früher.

Vor plus/minus fünfundzwanzig Jahren fanden wir sie allerdings noch extrem peinlich. Ich trug etwa unter keinen Umständen die praktische Kurzhaarfrisur, wie Mama ab 35. Irgendwann zog ich auch nicht mehr die Klamotten an, die sie aussuchte. Dabei waren Mütter in modischen Dingen jahrelang das Maß aller Dinge. In der Grundschule haben sie uns nach ihren Vorstellungen eingekleidet – und zwar ohne Gnade. Einige Bilder in den Fotoalben beweisen es: Wir trugen sogar grüne, selbstgestrickte Pullunder mit weißen Punkten, nur weil das gerade ihre Lieblingsfarben waren. Und dazu ein gelbes Hemd, weil sie und ihre Freundinnen gerade gelb chic fanden. Plus Ledersandalen und rote Kniestrümpfe zu kurzen Hosen. So etwas kam unseren Müttern damals in den Sinn. Oder war daran «Brigitte» schuld?

Spätestens in der Pubertät lehnten wir uns aber gegen

den elterlichen Dresscode auf. Wenn Mama von den langen Urlauben in Griechenland und dem Bräunungsstudio «Sonnenschein» auch im Januar ganz braungebrannt war, schminkten wir unser Gesicht weiß und packten Kajal unter die Augen. Trug Mama bordeauxrote Jacketts mit Schulterpolstern zu gelben Blusen, setzten wir in der Waschmaschine gefärbte Sweatshirts in kaum unterscheidbaren Grautönen dagegen. Kam Mama ganz leger mit griechischem Bauernhemd an, trugen wir ausschließlich Markenklamotten von Fiorucci, Ton Sur Ton oder Lacoste.

Das setzte sich auch später fort. Die Mode unserer Eltern zeigte uns, was wir auf keinen Fall wollten: Sonnenclips, Socken in Sandalen, markenlose Turnschuhe von Aldi («Sehen doch genau so aus wie die von Puma, oder?»), Sakkos mit Schulterpolstern. Am Ende war dieser Protest vergeblich. Spätestens ab 35 tragen viele Frauen wieder Pagenkopf-Frisur. Von da ist es auch nicht mehr weit zur Kurzhaar-Frisur. Dazu fahren sie ein Damenfahrrad wie Mutti, seit kurzem auch mit praktischem Fahrradkorb. Auch Männer werden nicht verschont. Spätestens ab 35 tragen sie gerne mal Sandalen. Vermutlich Tevas mit Klettverschluss («besonders praktisch») oder Flip-Flops («besonders luftig»), aber sie sehen Papas Ledersandalen schon verdammt ähnlich. Heute sind viele von uns selbst Eltern und können sich jetzt am Nachwuchs modisch austoben. Dann ziehen sie dem Zweitklässler den grünen Pullunder mit den weißen Punkten an, diesmal von H&M. Aber das ist ein anderes Thema.

Während sich die Achtundsechziger politisch gegen ihre Eltern stellten, hielten wir im Lebensstil dagegen. Wir rebellierten gegen das Wohlstandswunderland unsere Eltern mit allzu simpler Konsumkritik: Wozu den Neuwagen und das Reihenhaus mit Vorgarten? Wir wollten keine Hausratsversicherung, keinen fabrikneuen Mercedes. Wir machten Interrail statt Rimini. Wir schliefen auf Bahnhöfen statt in chicen Hotels, und je dreckiger unser Ford Fiesta war, desto besser. Wir wollten keinen langweiligen Job, sondern einen Beruf als Berufung inklusive Urlaub satt. Im Großen und Ganzen wollten wir ein Leben nach dem Lustprinzip: Boheme für alle.

Davon ist allerdings nicht allzu viel übrig. Inzwischen ähneln viele Vierziger ihren Eltern. Sie wurden Punker mit Platzreife, Rocker in Reihenhäusern, Freaks mit abbezahlter Ferienwohnung. Sie stehen morgens um 6.30 Uhr auf. Danach frühstücken sie selten länger als dreißig Minuten, am liebsten Toast, und fahren zwischen acht und zehn Uhr zur Arbeit. Auf dem Weg dorthin stehen sie mit großer Wahrscheinlichkeit mit anderen Vierzigjährigen im Stau. An einem durchschnittlichen Mittwochmorgen bilden sich nämlich um diese Zeit 170 Kilometer Stau, über ganz Deutschland verteilt.

Und das machen sie täglich – und zwar 192 Tage im Jahr. Das sind immerhin zwölf Tage weniger als unsere französischen Nachbarn und fast vierzig weniger als die arbeitsamen US-Amerikaner. Im Schnitt arbeiten sie mit 30,3 Wochenstunden fast zehn Stunden weniger als ihre Eltern um 1960. Und sie verdienen mit 3702 Euro (Frauen 2793 Euro) nicht übel. Mehr als die Hälfte fühlt sich auch für die geleistete Arbeit gerecht bezahlt, und immerhin 85 Prozent halten ihren Arbeitsplatz für sicher.

Trotz der Warteschlangen gehen sie mit vielen anderen um Punkt 12 Uhr Mittag essen: 80 Prozent der Kantinenessen werden zwischen 11.30 Uhr und 12.30 Uhr ausgegeben. Nach der Arbeit gehen sie erst mal einkaufen, in der Regel gegen 17 Uhr. Frauen verbringen 26 Minuten damit, Männer nur 19 Minuten und kaufen eher schwere Güter wie Getränke und andere haltbare Lebensmittel. Danach essen sie zusammen Abendbrot, am liebsten Brot mit Käse oder Aufschnitt. Zwischen 18 Uhr und 18.15 Uhr versammeln sie sich um den Fernseher. Spätestens um 23.30 Uhr ist die Glotze wieder aus, und sie schlafen im Schnitt sieben Stunden.

Keine Angst, diese Zahlen haben verschiedene Forschungsinstitute für den Durchschnittsdeutschen zusammengetragen. Viele Gespräche mit Vierzigern haben allerdings gezeigt: Wir finden uns inzwischen darin wieder. Natürlich nicht in jedem Punkt, aber wir sind auf dem besten Weg in die Mitte der Gesellschaft. Dabei haben sich die Angebote, die uns im Leben und im Supermarkt gemacht werden, nicht grundsätzlich verändert. Nein, die Aldi-Produkte sind immer noch die gleichen wie vor ein paar Jahren. Wir finden sie nur deshalb inzwischen interessanter, weil wir uns verändert haben. Wir kaufen zwar nicht den Eierschneider wie die Eltern, aber dafür den Ananasschäler – und lassen ihn dann genauso im Regal verstauben. Wir werden guter Durchschnitt.

Oder um es anders zu sagen: Wir werden unseren Eltern immer ähnlicher. «Ich wollte nie wie meine Mutter werden», meint Jennifer Aniston in der TV-Serie «Friends». «Und jetzt bin ich wie mein Vater geworden.» Selbst Frank, bisher eher als Dauerjugendlicher aufgefallen, kommt jetzt mit vierzig seinen Eltern näher: «Meine Kämpfe gegen Atomkraft und Neonazis habe ich nicht gewonnen», sagt er. «Aber ich weiß: Wenn meine Eltern früher sagten ‹Sieh das etwas entspannter›, dann hatten sie recht. Das herauszufinden ist nichts Schlimmes. Es bereitet mich in beruhigender Weise darauf vor, die Pubertät meiner Tochter zu überleben.»

Die Frage ist also: Wie finden wir das? Können wir damit leben, dass wir unseren Eltern mit Fahrradkorb und Sandalen immer ähnlicher werden? Die Antwort verrät mehr über uns als über unsere Eltern, sie haben sich schließlich weniger verändert als wir. Die Antwort prägt aber auch das Verhältnis zu den Eltern. Bei manchen Vierzigern kann ja schon ein langes Wochenende mit Papa und Mama zur Herausforderung für den eigenen Psychohaushalt werden.

«Es macht mich wahnsinnig, wenn mich meine Eltern besuchen», erzählt Kerstin. «Nicht erst nach ein paar Tagen, sondern gleich von der erste Minute an. Ich werde richtig aggressiv ihnen gegenüber. Das kenne ich sonst gar nicht von mir. Da ich das natürlich unterdrücken muss, wirke ich völlig verkrampft.» Eigentlich weiß Kerstin gar nicht, warum. Denn ihren Eltern ist eigentlich nichts vorzuwerfen. Sie sagen keine Sachen wie «Mädchen, zieh doch die Handschuhe an. Es ist kalt draußen» oder «Der Karl-Heinz aus deiner Abiklasse ist jetzt Chef der Commerzbank-Filiale am Marktplatz. Willst du dich nicht mal bei ihm melden? Vielleicht kann er was für dich tun». Oder «Möchtest du nicht auch mal mit einem Mann zusammenziehen und Kinder bekommen wie deine Schwester?».

Nein, das alles sagen sie nicht. Sie sind einfach nur so, wie sie eben sind. Aber Kerstin hat sich verändert. Wenn Kerstin nach Hause in das Dorf in Nordbayern fährt – alles kein Problem. Wenn aber die Eltern nach Berlin kommen – ein Desaster. «Es ist die Mischung aus Fordern und Hilflosigkeit in der neuen Umgebung, die mich verstört. Ich weiß einfach nicht, wie ich damit umgehen soll.» Ihr Vater sagt dann etwa «Frag doch mal den Mann da, wo es langgeht!» oder «Ruf mal im Theater an wegen der Karten!».

Das macht sie fertig. Sie merkt, dass ihr Vater sie nicht einfach um einen Gefallen bittet, sondern dass er keine Ahnung hat, wie er das selbst anstellen soll. Er traut sich in der fremden Stadt nicht, nach dem Weg zu fragen. Und er weiß nicht, wie er die Nummer des Kinos herausfinden soll. Deswegen kommandiert er Kerstin herum. Daran merkt sie, dass ihr Vater nicht mehr wie früher ihr Leben regeln kann. In diesen Momenten wird ihr klar: Papa kann mich nicht mehr beschützen! Er kann sie nicht mehr in den Arm nehmen, wie nach der missglückten Mathearbeit, und dann mit ihr eine Woche lang jeden Abend büffeln. Wenn sie hundemüde ist, kann sie auch nicht mehr auf seinem Schoß einschlafen.

Kerstin will sich aber weiterhin geborgen fühlen, wenigstens bei ihren Eltern. Sie muss sich ansonsten in der großen Stadt, in der U-Bahn, im Job, in der Beziehung durchboxen. Wenigstens bei Papa und Mama soll der Schonraum, den sie aus der Jugend kennt, noch funktionieren. Zu Hause bei den Eltern besteht er ja auch noch, zumindest für ein paar Tage. Dann wird sie bekocht, bemuttert (in gewissem Rahmen) und auch etwas beneidet (für das Leben in der Großstadt). In dem bayerischen Dorf ist das auch vollkommen in Ordnung, weil sich Kerstin für paar Stunden verziehen kann, etwa mit Freunden treffen oder zum Schwimmen gehen. Zu Hause sind die Rollen klar verteilt. Alle wissen, wie sie sich aufzuführen haben. Die Eltern bleiben Eltern und geben den Zeitplan vor, und wir bleiben Kinder, auch wenn wir längst selbst Nachwuchs und die eine oder andere graue Haarsträhne haben.

Mehrere hundert Kilometer weiter reicht der Arm von Kerstins Vater natürlich nicht. Klar kann er ihr mit einer kleinen Finanzspritze hin und wieder aus der Klemme helfen. Aber er ist nicht in der Lage, ihr Leben zu sortieren. Er weiß ja noch nicht einmal, nach welchen Regeln es funktioniert. «Vor ein paar Monaten bin ich mit meinen Eltern zu meinem Lieblingsitaliener in Berlin-Mitte gegangen», erzählt Kerstin. «Mein Vater saß noch nicht mal, da winkte er den Kellner her und fragte: ‹Haben Sie Salat mit Zaziki?› Der Kellner schaute ihn erst irritiert an, dann lachte er. Zum Glück hielt er es für einen Witz. Erst als mein Vater Fassbier und nach dem Essen Ouzo bestellte, war ihm klar: Er hatte sich getäuscht.

Bei Kerstin geht das noch weiter. Sie ärgert sich richtig über ihre Eltern, die nicht mehr die Rollen übernehmen, die sie doch so lange gespielt hatten. Allerdings weiß sie auch nicht, wie sich Papa eigentlich heute verhalten soll.

Sie hat die Vorstellung, dass sie sich gerne mal mit ihm unterhalten würde, lange, ungestört und ausführlich. Sie würden vielleicht zu Ostern am Strand spazieren gehen und sich alles erzählen, ohne Fassaden, ohne das Papa-Tochter-Ding. Dabei würde Kerstin dann einen ganz neuen Menschen entdecken, und so würde ihr einiges klar werden.

Dann würde sie ihn fragen: Wie war das damals, als du Mama kennengelernt hast? Warst du nervös? Welche Musik habt ihr damals gehört? Was haben wir alle an den gemeinsamen Wochenenden gemacht? An so vieles kann sie sich nicht mehr erinnern. Sie fragt sich allerdings auch: Was sollte ich über meine Eltern überhaupt wissen? Und was lieber nicht? Was habe ich davon, wenn ich herausfinde, dass Papa lieber Fußballprofi als Polizist geworden wäre? Was ändert es denn, wenn ihre Mutter nie seine große Liebe gewesen wäre? Und vor allem: Ändert sich dadurch mein Verhältnis zu Papa?

Sie hat ein paar Mal versucht, mit ihm darüber zu sprechen. Er hat sich allerdings auf Allgemeinplätze zurückgezogen, wollte nicht über längst Vergangenes sprechen. Sie ahnt heute, dass es diese alles klärende Aussprache nie geben wird. Oder wenn doch, dann erst, wenn ihr Vater schwerkrank ist – oder vielleicht noch schlimmer. Dieser Gedanke frustriert sie: «Wieso kann ich eigentlich mit jedem Kunden ganz normal auch über private Dinge reden, nur nicht mit meinen Eltern? Keiner kennt mich doch besser als sie.» Auch darüber würde sie gerne mit ihnen sprechen. Aber das schafft sie nicht. «Wo soll ich denn anfangen? Ich habe das Gefühl, wenn ich erst mal starte, ziehe ich einen Stöpsel heraus, und dann läuft eine üble Brühe über.»

Inzwischen hat sie auch schon zu lange gewartet: «Soll ich einen Brief schreiben? Zu dick aufgetragen! Eine Mail? Lesen sie nicht immer. Ein Gespräch? Bekommen sie vielleicht in den falschen Hals.» Ihr ist ja selbst gar nicht klar, was sie von ihren Eltern will. Vermutlich erwartet sie ein paar Antworten auf den einen oder anderen blinden Fleck in ihrem eigenen Leben. Eines weiß sie allerdings genau: Ihre Eltern können nicht ihre Freunde sein.

Das merkte sie bei der letzten Geburtstagsparty. Sie hatte ihre Eltern auch eingeladen. Irgendwann hatte Mama zu viel getrunken, ihre Schuhe ausgezogen und mit Laufmaschen in der Strumpfhose zu Michael Jackson getanzt. Am Ende hat sie ihren linken Schuh nicht mehr gefunden und musste sich beim Gehen an der Wand abstützen. Ihre Freunde fanden das cool, Kerstin weniger.

Freundliche Übergriffe

Die Mutter von Marcus ist ganz anders, aber auch sie kann ihn schon mit Kleinigkeiten verrückt machen. Traditionell kommt sie ihn zu Ostern besuchen. Diesmal hatte Marcus allerdings schon ein befreundetes Paar eingeladen. Er erklärte seiner Mutter, dass sie gerne an jedem anderen Wochenende kommen könne. Dann hörte er eine Zeitlang nichts. Am Karfreitag kam dann ein Anruf. Sie sitze bereits im Zug. Ob er sie nicht am Bahnhof abholen könne wie immer.

Er konnte natürlich. Was sollte er auch sonst tun? Er besorgte seiner Mutter ein Hotelzimmer, sein Gästezimmer war ja belegt. Dann lud er seine Mutter zum gemeinsamen Abendessen mit den Freunden ein und versuchte, sie so gut wie möglich in die Ausflüge und Museumsbesuche einzubinden. Seine Mutter tat so, als ob nichts gewesen wäre. Als ob er nicht explizit ein gemeinsames Osterwochenende ausgeschlossen hätte. Als ob es das Gespräch mit dem Sohn nie gegeben hätte. Marcus begriff: Das ist ein Spielchen – sie wollte offenbar testen, wie weit sie gehen konnte, wie weit ihr Einfluss reichte. Er ließ sich erst mal darauf ein. Es waren ja nur drei Tage. Gefallen hat ihm das nicht. Sollte er etwa vor seinen ohnehin befremdeten Freunden einen Familienstreit anzetteln?

Danach hat er sie vier Wochen nicht angerufen. Er schmollte wie ein kleines Kind. Wollte sie ihn sprechen, ließ er sich verleugnen. «Das nächste Mal lass ich sie am Bahnhof stehen. Das gibt's doch nicht!», sagt er heute. Insgeheim weiß er, dass er sich das niemals trauen würde. Seine Mutter tue immer so, als ob sie nur sein Bestes im Sinn habe, setze aber gleichzeitig ihre Vorstellungen und Wünsche durch. So hat sie das Einzelkind erzogen. Heute macht sie genau so weiter. Und es funktioniert, obwohl eigentlich nicht viel dazugehört, das zu durchschauen. Dieses Tricksen regt ihn immer wieder auf, aber er kann nicht mit seiner Mutter darüber reden.

Marie spricht gar nicht mehr mit ihrem Vater. Schon seit ein paar Jahren herrscht Funkstille, so gut wie. An Maries Geburtstag gibt es noch den jährlichen Papa-Anruf. Meistens das erste Klingeln, noch ganz früh am Morgen – Marie würde am liebsten nicht rangehen. «Manchmal meldet er sich mit verstellter Stimme. Diese Anrufe sind typisch für meinen Vater. Er liebt es, andere zu überraschen», erzählt sie. «Und er geht wie selbstverständlich davon aus, dass alle sich darüber freuen.»

Aber Marie freut sich nicht. Am Ende eines Papa-Anrufs heult sie immer, ausgerechnet an ihrem Geburtstag. Danach ist sie ein paar Tage durcheinander. Denn immer enden diese Gespräche gleich: mit gegenseitigen Vorwürfen. Zunächst steuern Vater und Tochter auf eine Versöhnung zu, dann kramt einer von beiden doch wieder einen alten, nicht gelösten Streitpunkt heraus. Ihre Vorstellungen vom Leben scheinen weit auseinanderzuliegen, zu weit für ein kurzes Telefongespräch am Geburtstag.

«Seit ich in eine andere Stadt auf die Uni gegangen bin, funktioniert es nicht mehr zwischen uns. Ich konnte anstellen, was ich wollte – nie war es gut genug für Paps. Immer erzählte er von meiner Schwester, die alles viel besser hinbekomme als ich. Irgendwann konnte ich das nicht mehr hören.» Die Schwester lebt ganz in der Nähe der Eltern in einer Doppelhaushälfte. Sie hat zwei Kinder, auch zwei Mädchen. Ihr Ehemann sieht ein bisschen aus wie der Vater.

Ganz anders Marie. Sie zog in eine andere Stadt, ließ

sich nach kurzer Ehe scheiden und arbeitet seither erfolgreich als Industriedesignerin. Das alles sieht ihr Vater als Affront, als Kritik an sich, an seinem Leben. So ähnlich hat sie es auch mal ihm gegenüber formuliert. Das war für ihn natürlich auch ein Affront: Er lasse sich doch nicht von seinem eigenen Kind erklären, wie er sich verhalten solle. Da halfen auch Psychoratgeber nichts.

Nie hat Marie das Verhältnis zu ihrem Vater richtig geklärt. Als sie in die Großstadt zog, dachte sie, das würde reichen, um von jetzt an wenigstens ungefähr auf Augenhöhe mit ihm zu sein. Schon nach dem ersten Semester sagte sie ihm klipp und klar, was sie von ihm und seiner Art halte. Was sie auf Augenhöhe nannte, verstand ihr Vater allerdings als herablassend. Er wollte sich nicht von ihr bewerten und maßregeln lassen. Das habe er nicht nötig, sagte er und reagierte mit Rückzug und Schweigen.

Allerdings haben nur wenige Vierziger den Kontakt zu den Eltern abgebrochen. Das ist eigentlich ein viel zu harter Schnitt für uns. Natürlich stritten wir in der Pubertät mit ihnen, etwa über Taschengeld, Ausgehen, Rauchen oder andere Drogen. Natürlich redeten wir monatelang nur das Nötigste. Dann haben sich die meisten von uns mehr oder weniger schnell wieder zusammengerauft. Viele Achtundsechziger haben während des Studiums erst richtig damit angefangen, sich mit den Eltern zu zoffen, sie zu kritisieren und am Ende vielleicht mit ihnen zu brechen. Wir haben uns lieber eine lange Ausbildung finanzieren lassen.

Die große Rebellion gegen die Eltern fiel also bei uns aus. Wir konnten ihnen auch nicht viel vorwerfen – keine extrem konservative Erziehung, auch keine Mittäterschaft am Nazi-Regime. Wir mussten sie nicht fragen: Was hast du damals angestellt? Unsere Eltern waren allenfalls noch Flakhelfer in den allerletzten Kriegsjahren oder BDM-Mädchen. Ansonsten stammen ihre ersten Kindheitserinnerungen aus den Monaten der Flucht und des Wiederaufbaus. Diese Zeit hat sie bis heute geprägt. Ihr Credo lautet: Demut, Dankbarkeit, Sparsamkeit – und politisch bloß keine Extreme mehr.

Wovon sollten wir uns da noch kraftvoll absetzen? Bei vielen Vierzigern ist die Auseinandersetzung mit den Eltern ganz ausgeblieben. Der Nachteil: Wir kennen sie und ihre Standpunkte nicht besonders gut. Eigentlich ist unser Verhältnis deshalb nie ganz geklärt. Bis heute. Vielleicht ist das der Grund, warum unsere Beziehung zu ihnen freundlich ist, aber etwas distanziert.

Über seinen Vater wusste Martin noch nie besonders viel. Er hat selten von sich aus erzählt. Das war nicht seine Sache. Die Gespräche zwischen ihnen liefen über Bande. «Schau mal, da vorn der neue 3er BMW! Einen BMW hatte ich auch mal, bevor ich deine Mutter kennenlernte» oder «Die Schmidts von gegenüber haben sich gerade einen Wintergarten gebaut. Kannst du dich noch an die Tochter erinnern? Nettes Mädchen!». Solche Sachen erzählte er, wenn die beiden mal allein spazieren gingen, was selten genug geschah. Zwischendurch kam auch mal eine private Bemerkung – selten offen formuliert, meistens hatte der Vater schon eine Lösung parat.

Bei Martins Mutter war das ganz anders. Sie hat alles mitgeteilt, bereits in seiner Pubertät: Warum sie nicht mehr mit Papa leben wollte. Warum sie einen Liebhaber hat. Und warum sie jetzt doch wieder bei Papa wohnt. «Aber damals wollte ich das gar nicht so genau wissen. Das war mir alles zu viel», sagt Martin heute. «Wenn meine Mutter wieder mit mir reden wollte, antwortete ich irgendwann: ‹Ach, lass stecken!›» Das war seine Art der Rebellion.

Martins Eltern wollten noch alles über die Eltern wissen: über die Flucht und die Adenauer-Ära; aber vor allem über Hitler und den Krieg. Opa weigerte sich zu antworten. Er schwieg einfach hartnäckig. Bis heute hat er niemandem erzählt, wie er seinen Arm verloren hatte. Viele Kriegsheimkehrer wollten sich wie er nicht mehr mit sich und ihrer Vergangenheit auseinandersetzen, auf keinen Fall. Das brachte Martins Mutter damals auf die Palme.

Aus diesem Schweigen hat sie drei Schlüsse gezogen: Da muss etwas Schlimmes passiert sein. Die müssen alle Dreck am Stecken haben. Und: Ich will meinen eigenen Kindern gegenüber offener auftreten, ihnen von mir, auch von meinen Problemen, erzählen. Deshalb diskutierte sie mit Martin schon früh am Küchentisch über alles Mögliche: Willy Brandt, den Nato-Doppelbeschluss, Aids, die Grünen, das neue Scheidungsrecht, die Pille, die Handhabung von Kondomen. Bis es ihm zu viel wurde. Danach hat er erst mal Abstand gebraucht.

In letzter Zeit dämmert ihm wie vielen von uns allerdings, dass die Eltern nicht mehr ewig leben werden. Wenn wir noch einmal etwas über sie und über uns herausfinden wollen, müssen wir uns beeilen. Der eine oder andere Vierziger hat deshalb mit den Eltern das kleine polnische, ostpreußische oder schlesische Städtchen besucht, aus dem die Familie stammt. Vielleicht lernen sich alle dadurch besser kennen?

Bei Opa bekomme ich immer Eis

Besonders bei Vierzigern mit Kindern hat sich die Beziehung zu den Eltern in den letzten Jahren entspannt. Kein Wunder, Papa und Sohn oder Mama und Tochter haben endlich wieder eine gemeinsame Aufgabe. Endlich müssen wir den Eltern nicht mehr unser neues Leben, unsere neuen Lebensabschnittspartner, unser Lieblingsrestaurant, unseren neuen Job vorführen. Das ist nicht mehr nötig. Jetzt dreht sich alles um die Enkel: «Wie war der Stuhlgang?, Welche Schuhgröße hat sie denn im Moment? Und will er immer noch die ‹Wilde Kerle›-Fußball-Ausrüstung zu Weihnachten?»

Die Zeiten, in denen wir mit den Eltern über Kindererziehung gestritten haben, sind auch vorbei. Zum Glück! Anfangs gab es immer noch Ratschläge oder mehr oder weniger lehrreiche Geschichten, die davon handelten, wie Kinder früher erzogen wurden.

Direkt nach der Geburt des ersten Kinds bekamen wir von allen möglichen Leuten gutgemeinte Tipps: von Hebammen, Ärzten, anderen Müttern, kinderlosen Freundinnen – und natürlich von den Eltern.

«Jedes Kind sollte mindestens ein volles Jahr gestillt werden», sagte Martins Mutter beim Kaffee. «Hätte ich genug Milch gehabt, hätte ich Martin auch so lange gestillt.» Martin saß dabei etwas verspannt am Tisch. Aber das merkte seine Mutter gar nicht: «Alles kann ja nicht falsch daran gewesen sein, wie wir euch erzogen haben, oder?» Und zu Martins Frau: «Wechselst du eigentlich immer schön die Brust – immer rechts-links-rechts-links.» Da musste Martin erst mal auf den Balkon: frische Luft.

Aber das ist Vergangenheit. Je älter unsere Kinder werden, desto seltener folgen ungebetene Ratschläge. Offenbar traut man uns heute etwas mehr zu. Heute erkundigen sich die Eltern am Telefon kaum noch nach Martins Befinden, sondern zuerst mal nach der kleinen Chiara: Was hat sie denn im Kindergarten gebastelt? Wohin geht sie morgen? Dann telefonieren sie lange mit Chiara oder singen Lieder mit mehreren Strophen über die Lautsprecher-Funktion. Martin kann sich nicht erinnern, dass sein Vater mit ihm so viel gespielt hätte. Besonders seit Martins Scheidung kümmert sich Opa: Er schickt riesige Pakete mit T-Shirts, Hosen, Geschenken, viel Süßigkeiten und ein wenig Lernmaterial für die Vorschule. In den Kindergartenferien reisen die Großeltern an und bespaßen die Kleine, damit Martin arbeiten kann.

«Unser Verhältnis hat sich ziemlich entspannt», erzählt er. «Vorher wussten wir manchmal nicht so recht, was wir miteinander anfangen sollen, meine Eltern und ich.» Inzwischen gebe es mit Chiara so viel zu regeln, dass sie mindestens einmal pro Woche telefonieren, um sich auf den neuesten Stand zu bringen. Sie fahren auch wieder zusammen in Urlaub. Das wäre noch vor ein paar Jahren undenkbar gewesen. Heute gehen Martins Eltern mit Chiara in den Skikurs oder in die Kinderdisco, und Martin kann sich auf der Terrasse entspannen.

Wenn er nicht dabei ist, funktioniert das Opa-Programm weniger gut. Genau weiß er auch nicht, woran es liegt. Vermutlich wollen die Großeltern dann zu viel auf einmal. Da sie ihr Enkelkind selten sehen, wetteifern sie um Chiaras Aufmerksamkeit. «Wenn Chiara mit meiner Mutter spielt, drängt sich mein Vater dazwischen und schlägt etwas ganz anderes vor.» Dadurch wird Chiara abgelenkt. Sie muss sich dann immer wieder neu entscheiden. Das überfordert sie. «Meine Eltern bemühen sich wirklich um Chiara, aber sie können sich eben nicht mehr so leicht auf die Welt einer Vierjährigen einlassen. Sind eben doch älter geworden.» Dafür verwöhnen sie ihr Enkelkind umso mehr. «Bei Oma gibt's immer Eis», sagt Chiara, wenn Martin sie abholt. Dann braucht er ein paar Tage, um seiner Tochter zu erklären, dass nasskalter Dauerregen wirklich nicht das richtige Wetter für «Brauner Bär» oder «Flutschfinger» ist.

Auch Julias Verhältnis zu den Eltern hat sich mit dem zweiten Kind normalisiert. Ihre Mutter wohnt ganz in der Nähe und übernimmt die Enkel einen Nachmittag pro Woche. «Ich habe dann mal Zeit für mich», sagt Julia. «Eine echte Win-win-Situation.» Jeden Mittwochnachmittag kommt ihre Mutter vorbei. Im Gepäck: ein Sack mit erzieherisch besonders wertvollen Spielsachen. Kein Wunder, sie ist Lehrerin. Dann trinken die beiden Frauen Kaffee und plaudern, bis Julia zum Sport geht, zum Friseur, zum Einkaufen oder zum Therapeuten.

Das wäre vor ein paar Jahren noch unvorstellbar gewesen: «Aus jedem ihrer Sätze hörte ich eine spitze Bemerkung, eine Kritik oder eine Anspielung heraus», erzählt Julia heute. «Bei mir stellten sich dann die Nackenhaare auf, und ich ging in die Verteidigungshaltung. Sie wollte mir eigentlich nur Ratschläge geben. Nur: Ich wollte partout nicht so werden wie sie. Deswegen habe ich immer dagegen argumentiert – egal, was sie sagte. Also haben wir uns ständig angezickt.»

Erst als sie einen Artikel über das 50-Prozent-Gesetz gelesen hatte, löste sich bei ihr ein Knoten. Ein Vater habe, so der Münchner Psychologe und Therapeut Wolfgang Schmidbauer, in 50 Prozent des Lebens seines Sohnes nichts zu suchen. Es gehe darum, diese Grenze zu finden – und sei sie auch noch so grob. Julia konnte mit dem 50-Prozent-Gesetz auf jeden Fall etwas anfangen: «Was für den Vater zutrifft, gilt bestimmt auch für die Mutter. Dieses blöde Gesetz half mir, einzugestehen, dass ich in vielen Dingen meiner Mutter ähnlich bin. Das ist auch okay, solange ich an den richtigen Stellen Grenzen setze.»

Irgendwann dachte sie darüber nach, was sie ihren Kindern mal mitgeben wolle. Und sie fragte sich: Was haben mir meine Eltern eigentlich beigebracht? Da kam einiges zusammen, etwa alle möglichen Sportarten wie Tennis, Skifahren oder Surfen. Auch mehrere Instrumente, wie Flöte, Cello und Akkordeon, manche nur für ein paar Monate. «Inzwischen habe ich alle Instrumente verkauft, interessiere mich aber immer noch für Musik. Das habe ich von meiner Mutter.» Heute fährt Julia selbst mit ihren Kindern Ski, natürlich mit den Großeltern, und ihre Tochter spielt auch schon Flöte.

Inzwischen beneidet Julia, die schon mit sechzehn Jahren von zu Hause ausgezogen ist, ihre Mutter sogar manchmal. Sie hätte auch gerne diesen entspannten Lehrerjob, besonders wenn sie wieder abgearbeitet nach Hause hetzt. Sie hätte auch gerne Mamas sichere Pension, besonders wenn sie hört, dass sie selbst vermutlich bis zum siebzigsten Geburtstag arbeiten muss – und trotzdem die Rente unsicher sein wird. «Ein paar Sachen müssen die Eltern doch richtig gemacht haben», denkt Julia manchmal. Aber sagen würde sie das ihrer Mutter nie.

«Schatz, Mutti wohnt jetzt bei uns!»

Seit unserer Pubertät wissen wir: Die Eltern sind der ruhende Pol in unserem manchmal ziemlich turbulenten Leben. Dazu gehörte auch, dass sie nie krank wurden, jedenfalls fast nie. Noch heute sind viele aus der Elterngeneration extrem fit. Kein Wunder, viele haben schon zwanzig Jahre vor uns damit angefangen, gesund zu leben. Nach mehreren vergeblichen Versuchen ist es meinem Vater sogar gelungen, mit dem Rauchen aufzuhören. Längst kauft er beim Bauernhof seines Vertrauens Bio-Fleisch und holt sich das Gemüse aus dem eigenen Garten. Zudem isst er – anders als ich – regelmäßig, nämlich dreimal am Tag. Mit Hilfe einiger Arztbesuche und passender Sportarten hat er sich fit gehalten. Wenn er heute mit Nordic-Walking-Stöcken vor mir durch Wälder pflügt, denke ich manchmal: Verdammt, er ist ja schneller als ich!

Aber in den letzten Monaten hat sich das geändert. Beim Tennis macht er neuerdings nur noch ungern Aufschläge, «wegen der Schulter». Er kommt zwar nicht von selbst auf das Thema, aber darauf angesprochen, berichtet er von chronischen Knieschmerzen. Mit Nordic Walking habe er sie wieder einigermaßen in den Griff bekommen. Dann hat er noch irgendwas am Ohr und ist immer öfter erkältet. Alles keine schlimmen Sachen, aber er ist häufiger unpässlich als früher.

Auch meine Mutter klagte zuletzt erstmals über Schwindel, als sie einen Berg im Berner Oberland bestieg. In 2945 Metern Höhe eigentlich kein Wunder, aber das war vorher nicht so. Beim Abstieg musste sie sich anstrengen, damit niemand bemerkte, wie sehr ihr das rechte Knie schmerzte. Ich musste mich eher anstrengen, damit niemand merkt, wie kaputt ich war.

Bei vielen Vierzigern deutet sich an, dass sich das Verhältnis zu den Eltern bald umkehren könnte: Bald sind wir es, die ihnen unter die Arme greifen werden. Ausgerechnet jetzt, wo unser Körper sich bemerkbar macht, werden auch unsere Eltern anfälliger. Das ist, ehrlich gesagt, kein gutes Timing. Aber auch wieder nicht verwunderlich, denn vielfach gehen sie auf die siebzig zu – und darüber hinaus. Der Vorteil daran: Wir haben ein neues gemeinsames Thema, die Arthrose.

In solchen Momenten überlegen wir uns neuerdings, was wir eigentlich tun, wenn unsere Eltern krank, bettlägerig oder hilfsbedürftig werden. Wie verschieben diese Gedanken lieber auf später – aber das gelingt nicht immer. Gerade wenn wir nicht in derselben Gegend wohnen, müssten wir unser Leben grundlegend ändern. Dabei haben wir, offen gestanden, keine Ahnung, wie das gehen soll. Besonders wenn wir eigene Kinder, eine feste Stelle, eine Eigentumswohnung oder eine sündhaft teure Dauerkarte fürs Fitnesscenter oder den Bundesligaverein haben. Aber wenn es drauf ankommt, lernen wir das eben.

«Tut mir leid, dass ich mich so lange nicht gemeldet habe», sagte Max, als ich ihn kürzlich zufällig auf der Straße traf. «Ich hatte Ärger mit meiner Mutter. Musste mich um sie kümmern.» Er sah müde aus und irgendwie älter, erwachsener. Aber der Reihe nach. Vor ein paar Monaten hatte er bei mir angerufen: «Sag mal, hast du noch deine Krücken von der Knie-OP? Meine Mutter hat sich den Knöchel gebrochen, und wir wollen heute Abend essen gehen. Ausgerechnet!» Ein paar Minuten später stand er vor der Tür und nahm die Gehhilfen in Empfang. Seine 72-jährige Mutter hatte nicht zum ersten Mal Probleme mit dem Knöchel. «Ist eben in letzter Zeit etwas hektisch», meint Max.

«Das letzte Mal ist sie auf einem Kreuzfahrtschiff gestolpert. Sie hatte sich wahnsinnig auf die Reise gefreut und ist noch beim An-Bord-Gehen auf der Schiffsleiter umgeknickt.» Die Ärzte waren sofort da und verpassten ihr einen Stützverband mit vielen bunten Klettverschlüssen. Es blieben noch ein paar Stunden vor der Abfahrt – und sie überlegte, die Reise abzubrechen. Aber mit Krücken und Verband ist seine Mutter dann doch an Bord geblieben. Sie verzichtete eben auf die strapaziösen Landausflüge.

Davor hatte sie sich schon mal verletzt, am selben Knöchel. Beim Fensterputzen fiel sie von der Leiter. Danach saß sie mit dickem Fuß und etwas geschockt in der Küche. Seither hat sie eine Putzfrau. «Wenigstens für die anstrengenden Sachen!» Seither traut sie sich auch nicht mehr zu, die Enkel zu betreuen. Ständig hat sie Angst, dass sie ihnen nicht mehr folgen kann. Nicht mal vor die Tür wollte sie mit ihnen, weil die Kleinen vielleicht über die Straße rennen könnten und sie dann nicht rechtzeitig reagieren würde. Ein paar Monate Knöchelprobleme lösten bei ihr Ängste aus, die sie vorher nicht kannte. Inzwischen ist der Knöchel längst wieder in Ordnung, aber viele ihrer Befürchtungen sind geblieben.

Vor ein paar Monaten ist seine Mutter dann zu ihm in die Stadt gezogen. Eine neue Erfahrung für Max, nachdem in den letzten 24 Jahren exakt 385 Kilometer zwischen ihnen lagen. Zuerst blieb Mama in der Altbauwohnung, in der Max mit Karin und den beiden Kindern seit Jahren zur Miete leben. «Nur für ein paar Tage», sagte er. «Ist schon okay», sagte seine Frau Karin. Daraus wurden Wochen.

Als Mama schließlich nach zwei Monaten keine Anstalten machte, sich nach einer eigenen Bleibe umzusehen, wurde es langsam ungemütlich. Zu unterschiedlich waren die Vorstellungen der beiden Frauen. Während Karin «gerade im Moment» ihren Freiraum brauchte und zu Hause arbeiten wollte, verteilte Mama Aufgaben wie Müll herunterbringen oder Wäsche bügeln und dekorierte die Wohnung. «Irgendwann bin ich nach Hause gekommen, und unser Schlafzimmer war komplett umgeräumt, sogar das Bett stand anderswo», erzählt Karin. Sie hatte ständig das Gefühl, sich gegen die Schwiegermutter behaupten zu müssen.

Das war natürlich alles andere als gut für die Beziehung. «Wir haben uns ziemlich oft gestritten», erzählt Max. «Dabei saß ich zwischen mindestens zwei Stühlen. Was sollte ich denn machen?! Ist ja schließlich meine Mutter. Ich kann sie ja nicht einfach vor die Tür setzen. Es gibt ja auch sonst niemanden in der Familie, der sich um sie kümmern könnte.» Die beiden Frauen schwiegen sich tagelang an. Gelegentlich entlud sich das Schweigen in einem lauten Gebrüll.

Max war klar: So konnte es nicht weitergehen. Er musste für seine Mutter eine eigene Wohnung in der Nähe suchen. Sie lag im Bahnhofsviertel, und in den ersten Tagen traute sich die 72-jährige Frau wegen der vielen Leute gar nicht auf die Straße. Aber nicht nur sie beklagte sich bei Max. Auch Karin stichelte, dass er zu wenig Zeit in die Beziehung investiere und sich zu viel mit seiner Mutter beschäftige. Also ging er dazu über, weniger über die Besorgungen für seine Mama zu reden. Seitdem erklärt er, dass er einen Arzttermin habe oder noch arbeiten müsse, wenn er einen elektronisch verstellbaren Fernsehsessel mit integrierter Heizmatte besorgt. Das ist für alle Beteiligten besser.

Nach ein paar Monaten hatten sich tatsächlich alle drei an die neue Situation gewöhnt. Mama kam sonntags zum Abendessen bei den beiden vorbei und nahm ab und zu die Kinder zu einem Ausflug mit. Und Karin hat sich damit arrangiert, dass ihr Mann eben häufiger als früher nicht da war. Sie spielt auch das kleine Spielchen von Max mit den geschäftlichen Terminen mit. «Er muss sich eben um seine Mutter kümmern.»

In den letzten Monaten ging es Mama immer schlechter. Sie konnte kaum noch allein einkaufen. Als sie einmal die Polizei anrief, weil sie den Weg in ihr neues Zuhause nicht mehr fand, war allen klar: Wir brauchen Unterstützung.

So geht's nicht mehr. Aber wie macht man das? Wie viele von uns hatte sich Max mit solchen Dingen bisher nie beschäftigt. Zunächst war er ratlos: Wie sollte er die Pflege seiner Mutter organisieren? Als er sich nach den Rahmenbedingungen erkundigte, wuchs seine Ratlosigkeit noch: Wie sollten sie sich das leisten?

Seit er im Fernsehen eine Dokumentation über den Alltag in deutschen Altersheimen gesehen hatte, wusste er: Mama kommt auf keinen Fall in solch ein Heim. Also blieb nur eine Betreuung in ihrer eigenen Wohnung. Aus der Pflegeversicherung würde seine Mutter höchstens 1432 Euro bekommen. Dazu kam noch ihre kleine Rente von etwa 900 Euro.

Eine 24-Stunden-Betreuung seiner Mutter, die an fortschreitender Demenz litt, sollte bei einer renommierten Pflegeorganisation knapp 8000 Euro kosten – und zwar monatlich. Es fehlten also knapp 5500 Euro. Max versuchte es bei der Konkurrenz. Sie war gerade mal 500 Euro billiger. Kann das angehen, dachte Max, wieso gelingt es mir nicht, meine Mutter ordentlich zu versorgen? Und auch: Warum haben wir uns nicht schon vorher darum gekümmert?

Er telefonierte also erst mal weiter. Am Ende stieß er auf einen kleinen privaten Pflegeverein, der für rund 6000 Euro eine 24-Stunden-Betreuung zusicherte. Das war zwar immer noch viel Geld, aber irgendwie würde er es schon zusammenbekommen. Er konnte ja noch ihre Lebensversicherung auflösen und selbst etwas dazuschießen. Er wollte es wenigstens versuchen.

Einer der Altenpfleger, der sich später um seine Mutter

kümmern sollte, erschien dann zur Probe. Max und seine Mutter waren ganz aufgeregt, schließlich sollte sich jetzt endlich eine Lösung ergeben. Ein durchtrainierter Mittvierziger begrüßte die alte Dame mit «Wie geht's uns denn?». Dann unterhielt er sich nur noch mit Max – und zwar vor allem über den Stuhlgang und die Essgewohnheiten der «zu Betreuenden». Die Mutter versteinerte im Verlauf des Gesprächs immer mehr. Am Ende verabschiedete sie sich tonlos von dem Pfleger.

Das war keine Lösung. Aber auch Max konnte seine Mutter nicht länger pflegen, schließlich musste er arbeiten. Zum Glück erhielt er einen Tipp: Er solle sich mal eine illegale Haushaltshilfe aus dem Osten anschauen. Dazu eine Telefonnummer, die mit 0048 anfing: die Vorwahl von Polen. Ein paar Tage später stand Irina vor der Tür. Eine rüstige Frau, Mitte fünfzig, aus Krakau. Für rund 1500 Euro pro Monat plus Fahrkosten kümmert sie sich mittlerweile rund um die Uhr um Mama. Irina hat das kleine Gästezimmer in der Wohnung bezogen. Wenn die beiden Frauen abends nicht fernsehen, spielen sie einige Partien Canasta.

Inzwischen ist seine Mutter, auch dank Irinas freundlicher Art, wieder auf dem Weg der Besserung. «Ich bin echt froh, wie das läuft», sagt er heute. «Irgendwie hat mich diese ganze Aktion verändert.» Er sei dadurch endgültig erwachsen geworden. «Ist doch beruhigend, oder? Es ist also nie zu spät, sich altersgerecht zu verhalten. Was ich dabei immer noch nicht verstehe: Wieso war eine illegale Hilfskraft am Ende die beste Lösung?»

Dabei ist Max nicht der Einzige. Mittlerweile beschäftigen über hunderttausend Haushalte Hilfskräfte aus den ehemaligen Ostblockländern, die ohne Arbeitserlaubnis Eltern oder Großeltern pflegen. Wenn Max auffliegt, muss er mit einer Anzeige wegen Sozialversicherungsbetrugs und Steuerhinterziehung rechnen. Wie ein Strafverfahren ausgeht, ist dabei ungewiss. Auf jeden Fall muss er aber Beiträge zur Sozialversicherung und Steuern nachzahlen.

Bei seinen Schwiegereltern kam das nicht in Frage. Karins Eltern bewohnten in der Nähe von Wolfsburg ein altes Haus mit drei Etagen. Bis die Mutter einen Oberschenkelhalsbruch erlitt. Von da an musste es schnell gehen. Da Max und Karin weit entfernt wohnten und sich auch seine Schwester nicht vor Ort um die Eltern kümmern konnte, war schnell klar: Die Eltern müssen ins Heim.

Kürzlich hat Karin sie mit den Kindern besucht. Es ist eine schön gelegene «moderne Altersresidenz», die an einen Wald grenzt. Auch das Gebäude und die Zimmer seiner Schwiegereltern machen einen gepflegten, wenn auch etwas unpersönlichen Eindruck. Weit und breit ist jedenfalls nichts von Verwahrlosung zu sehen. Trotzdem sind die beiden nicht wirklich zufrieden. «Sie haben sich nach ein paar Monaten irgendwie in ihr Los gefügt. Sie sehen auch ein, dass es nicht anders geht, aber es fällt ihnen nicht gerade leicht, sich an das Leben im Heim zu gewöhnen», sagt Karin.

«Du willst uns wohl in den Wald abschieben», meinte der Vater, als ihm Karin das erste Mal von dem Altenpflegeheim ganz in der Nähe erzählte. Sie war schockiert. Ebenso, als die Pflegeleitung wissen wollte, wie die Eltern einmal begraben werden wollen. Darüber hätten sie natürlich noch nie gesprochen. Wochenlang hatte sie ein schlechtes Gewissen, weil ihre Eltern innerhalb von vier Wochen ihr altes Leben komplett aufgeben und mit über siebzig Jahren in einer anderen Umgebung neu anfangen mussten. Dabei hätte es doch andere Lösungen gegeben – zumindest vor ein paar Jahren.

Das hat Karin nachdenklich gemacht. «Wir haben uns vorgenommen, früher an das Alter zu denken», sagt sie heute. Sie möchte nicht so lange warten wie ihre Eltern. Nicht so lange, bis es für eine Entscheidung schon fast zu spät ist: «Ich glaube, wer sich erst mit siebzig für eine bestimmte Lebensform im Alter entscheidet, tut das aus Not. Alles muss dann extrem schnell gehen, und es ist klar, dass man den Wechsel dann als schrecklich empfindet.» Schon allein, weil man keine Wahl habe.

Seither spricht sie gelegentlich mit Max darüber, wie sie später mal leben wollen. Eigentlich würde es ihr gefallen, als Großfamilie unter einem gemeinsamen Dach zu wohnen. Dann könnten sie jederzeit mit den Enkeln spielen. Max ist weniger begeistert. Er hat bei einer Cousine gesehen, wie schwierig die Pflege enger Familienangehöriger sein kann. Die Cousine hatte ihren bettlägerigen Vater acht Jahre betreut – aber dieser meckerte unentwegt an ihr herum. Er konnte mit der Abhängigkeit nicht umgehen. Und die Tochter? Sie hasste die Intimität und die körperliche Nähe, die vorher nie da war zwischen den beiden. «Ich würde ja gerne etwas anderes sagen, aber für mich funktioniert das nicht», sagt Max. Zwischen Eltern und Kindern gebe es zu viele gegenseitige Erwartungen. Da könne Pflege nur zum Dauerclinch führen.

Deshalb würde Max am liebsten später in eine Alten-WG ziehen. Auf die Idee hat ihn Henning Scherf gebracht. Der ehemalige Bremer Bürgermeister hat sich schon früh publikumswirksam mit Gleichgesinnten in der Bremer Innenstadt ein altes Patrizierhaus altengerecht umbauen lassen. Noch als amtierender Bürgermeister ist Scherf in die mittlerweile bekannteste Alten-WG des Landes gezogen. Mit seiner Frau bewohnt er dort wie die anderen Mitbewohner eine eigene Wohnung. Anders als bei einem normalen Mietshaus gibt es aber eine Reihe von Gemeinschaftsräumen. Außerdem helfen sich die Bewohner gegenseitig im Alltag: Sie unternehmen Ausflüge und teilen sich wenn nötig eine Pflegekraft. Inzwischen gibt es in ganz Deutschland etwa sechshundert dieser Alten-WGs.

Auch Max kann sich das gut vorstellen. Jetzt ist es noch etwas zu früh. Aber mit spätestens fünfzig Jahren will er das Thema ganz konkret angehen. Immerhin hat er sich endlich mit seiner Altersvorsorge beschäftigt. Er will später überhaupt die Wahl haben und sich seine Vorstellung vom Leben im Alter leisten können. «Jetzt wird noch schnell geriestert», sagt er, «damit wir mal in der lässigsten Alten-WG der Stadt leben können.»

Neidisch auf die Eltern

Ein bisschen neidisch sind wir auch in dieser Hinsicht auf unsere Eltern. Als Rentner geht es ihnen nämlich so gut wie keiner Generation zuvor. Zwischen Schleifchenturnier im Tennisclub und Bergwandern finden sie gerade noch

Zeit für den Museumsbesuch und den Tagesausflug an den Bodensee. Wir hingegen wissen schon heute: Davon können wir später nur träumen.

Manchmal wundern wir uns, dass im elterlichen Badezimmerschrank 25 Medikamente gegen Bluthochdruck herumstehen. Dann fragen wir nach, wozu diese gut sein sollen. Von allein erzählen sie uns so etwas ja nicht. Sie wollen nicht, dass wir uns Sorgen machen – und vergessen dabei, dass wir inzwischen vierzig sind und nicht mehr geschont werden müssen. Dabei finden wir vielleicht heraus, dass sie auch den eigenen Pflegefall längst nach ihren Vorstellungen geregelt haben. Genau wie sie für ihre üppige Rente oder Pension gesorgt haben. Manche bekommen sogar mehr überwiesen als zu ihrer aktiven Zeit – mehr als wir sowieso.

Wenn wir mal in Rente gehen, wird es zwar immer mehr von uns geben; aber wir werden immer weniger Geld haben – zumindest, wenn wir einfach abwarten. Insofern ist es gar nicht übel, dass die Eltern uns das Altern jetzt vorleben. So muss sich der eine oder andere Vierziger bereits heute mit Patientenverfügungen, Rehas, Kuraufenthalten oder altersgerechtem Wohnen beschäftigen. Vor da ist es natürlich nicht mehr weit zu der Frage: Wie wollen wir eigentlich selbst später mal leben? Bisher haben wir uns selbst immer als rüstige Rentner gesehen. Endlich haben wir dann wahnsinnig viel Freizeit und kaum noch Verpflichtungen. Endlich können wir um die Welt segeln oder die ganze Woche im Garten herumliegen. Ein bisschen wie unsere Eltern heute.

Aber was ist eigentlich mit dem anderen Alter? Was ist,

wenn wir mal bettlägerig oder pflegebedürftig werden? Auf den Pflegefall sind wir nur schlecht vorbereitet. Oder besser gesagt: gar nicht. Manchmal haben wir deshalb ein schlechtes Gewissen und interessieren uns ein paar Tage lang für Pflegeversicherungen, Riester-Rente und alternative Wohnformen im Alter. Weil das natürlich keinen Spaß macht, denken wir dann: Verdammt, über so etwas mussten sich unsere Eltern keine Gedanken machen.

Zweite Karriere oder zweites Kind?

Noch heute, mit vierzig, bekommen viele von uns beim Elternbesuch noch einen 50-Euro-Schein zugesteckt. «Fürs Fahrgeld!» Oder auch mal einen Hunderter («Lad doch mal deine Freunde zum Essen ein!»). Einem Teilhaber einer großen Werbeagentur gibt seine Mutter immer ein Paket Kaffee mit auf den Weg: Jakobs Krönung, obwohl er nur Espresso trinkt. Er legt den Kaffee dann in die Büroküche. Gesagt hat er das seiner Mutter noch nie. Sie will ihm ja nur eine Freude machen.

Manchmal haben wir ein komisches Gefühl, wenn uns die Eltern etwas zustecken. Wir sind ja schließlich keine Teenager mehr. Es ist uns ein wenig peinlich. Darüber reden wir nicht gerne. Erst entgegnen wir halbherzig: «Nein, danke. Aber das muss doch nicht sein. Kann ich mir doch alles selbst leisten.» Dann denken wir: Was soll's! Wird ihnen schon nicht weh tun. Sie wollen uns halt eine Freude machen! Das können wir ihnen doch nicht abschlagen.

Wenn wir Kinder haben, übertragen unsere Eltern das «Fahrgeld» auf die Enkel. Das ist super. Dann kaufen sie Kinderwagen, Fahrräder, Hosen, Hemden, etc. pp. Damit haben wir dann überhaupt kein Problem. Ist ja schließlich für die Kleinen! Manchmal drehen wir den Spieß um. Dann laden wir die Eltern zum ersten Mal im Leben chic zum Essen ein. «Doch, ich bestehe darauf zu zahlen!» Oder vielleicht zum Familienurlaub: ein langes Wochenende mit den Enkeln an der Ostsee, eine Woche Teneriffa oder ein paar Tage London. Endlich haben wir ihnen mal einen ausgegeben. Das fühlt sich gut an. Gerade mit vierzig. Aber dann stecken sie uns beim nächsten Mal zwei Fuffis fürs Fahrgeld zu. Da kann man nichts machen.

Andere Vierzigjährige erhalten noch regelmäßige Überweisungen. Mama übernimmt etwa die Leasingrate fürs Auto. «Damit ihr uns auch mal besuchen kommt.» Oder Papa steuert was zur Lebens- oder Berufsunfallversicherung bei. Ich brauch solche Versicherungen eigentlich nicht, sagen wir uns dann. Aber in Wirklichkeit gelten die Eltern als Versicherung für alles Mögliche. Sie haben uns immer geholfen – als wir ein Haus bauten oder eine Familie gründeten und als wir die Scheidung finanzierten oder uns den Sommerurlaub mit Kindern nicht leisten konnten.

So finanzieren die Eltern unser Lebensmodell mit. Wir reden nicht gerne darüber, aber wir rechnen damit. Natascha und Steffen etwa arbeiten beide halbtags. «Den Kindern zuliebe», sagen sie. Steffen könnte auch länger arbeiten, sein Chef hat ihn schon mehrmals darum gebeten. Aber er hat noch nicht einmal darüber nachgedacht. «Natascha beschwert sich auch so schon, dass ich zu wenig Zeit mit ihr und den Kindern verbringe. Außerdem kommen wir so ganz gut über die Runden.» Damit meint er, dass sie mit ihren beiden halben Gehältern ziemlich gut leben. Kein Wunder, sie zahlen keine Miete, sondern wohnen in einer chicen Altbauwohnung, die Natascha von ihrem Vater geschenkt bekommen hat. Und Urlaub? Den machen sie manchmal in der elterlichen Ferienwohnung auf Gran Canaria. Papa zahlt ihnen dann die Flüge: erste Klasse für seine Tochter und die Kinder, zweite Klasse für Steffen.

Viele von uns können sich auch mit vierzig ihren Lebensstil nur mit Hilfe der Eltern leisten. Steffens Kollege etwa wohnt bei den Eltern auf dem Land in einer Einliegerwohnung. «Das ist echt praktisch», sagt er über sein Hotel Mama. Eine Freundin organisiert Stadtteilfeste. Sie verdient 800 Euro im Monat. Damit sie in einer Großstadt wie Köln überleben kann, steuern ihre Eltern ein paar hundert Euro monatlich dazu bei. Einem Kollegen haben die Eltern kürzlich ihren alten Mercedes geschenkt, gerade mal zwei Jahre gefahren. «Ein vorgezogenes Erbe», haben sie gesagt.

Tatsächlich werden wir mehr als alle anderen Jahrgänge vor uns irgendwann mit Autos, Geld, Pfandbriefen und Immobilien überschüttet. Natürlich nicht jeder von uns, aber etwas mehr als die Hälfte. Klar ist: Die Aufbaugeneration tritt in den nächsten Jahren ab und hinterlässt uns ihr über Jahrzehnte vermehrtes Vermögen. Eine Forschungsgruppe der FU Berlin hat errechnet, dass eine Erb- und Schenkungssumme von über 200 Milliarden Euro anfällt – und zwar pro Jahr.

Damit wissen viele von uns bereits heute, dass sie spätestens in ein paar Jahren ihre gröbsten Geldsorgen los sind. Nur in den wenigsten Fällen wird es dazu reichen, dass sie finanziell tatsächlich unabhängig sind. Wir sind einfach zu viele. Trotz der enormen Gesamtsumme werden durchschnittlich im Westen 71 000 Euro pro Erbfall vermacht, im Osten sogar nur 16 000. Besonders Kinder aus Akademikerhaushalten werden von der Erbwelle profitieren. Sie können fast doppelt so viel erwarten wie andere.

Von den Eltern so gepampert, können es sich viele von uns leisten, sich im Job nicht wirklich zu überanstrengen. Nicht dass wir nicht gerne arbeiten – und auch mal viel. Aber statt 110 Prozent geben wir lieber 80, wenn wir glauben, dass das auch reichen könnte. Vielen aus der Erbengeneration fehlt der materielle Anreiz. Sie haben nicht gelernt, sich durchzubeißen, weil sie es lange nicht mussten. Bevor wir richtig loslegen, wägen wir erst mal zwischen Privat- und Berufsleben ab – und stellen immer öfter fest: Es lohnt sich nicht, noch mehr zu «rackern». Wir sind zwar leistungsbereit und haben Ideen – aber nur, wenn am Ende das Verhältnis zwischen Aufwand und Ertrag stimmt.

Erstmals hinterfragt mit uns eine ganze Generation die klassischen Karrieremuster: Geld und Gehaltserhöhungen sind uns nicht so wichtig wie den Eltern. Entscheidend ist eher ein angenehmes Umfeld und ein sicherer Arbeitsplatz – und vor allem die Vereinbarkeit von Arbeit und Privatleben. Wir versuchen nicht wie unsere Eltern Aktenberge mit nach Hause zu nehmen. Selbst in Vorstellungsgesprächen sprechen wir eine Balance zwischen Job und Freizeit an. Das wäre vor zwanzig Jahren noch unmöglich gewesen.

Ende der achtziger Jahre gab es auch noch genug Möglichkeiten. So brauchten viele von uns Jahre, um sich nach wechselnden Anstellungen, Praktika, freien Aufträgen, Weltreisen und Zeitverträgen einen festen Job zu angeln. Ein paar Jahre später als unsere Eltern, aber immerhin. Sie atmeten auf. Was wir alle nicht ahnen konnten: Ende der neunziger Jahre tickte die Uhr schon. Lange würde es nicht mehr dauern bis zum großen Börsencrash und der nachfolgenden Wirtschafts- und Medienkrise 2000. Und was wir natürlich auch nicht wussten: Wir würden die Ersten sein, die ihre Stellen verlieren, denn wir waren noch nicht so lange dabei wie die Kollegen.

Nach dem Börsencrash haben nicht nur Unternehmen aus Branchen wie Telekommunikation, Informationstechnik und Medien massenhaft Leute entlassen, sondern auch im Maschinenbau, bei Versicherungen und in der Werbung – überall wurde kräftig gespart. Sogar die Banken setzten Hunderte von Angestellten über Nacht vor die Tür. Dabei dachten viele von uns, dass gerade eine Banklehre eine absolut sichere Sache sei. Entlassungen sind in der Wirtschaft nicht ungewöhnlich. Ungewöhnlich war allerdings, dass diese Entlassungswelle Jahrgänge traf, die eigentlich alles richtig gemacht hatten. Wir waren auf dem Papier gut ausgebildet, flexibel, modern – und trotzdem unseren Job los. Oder wir kannten zumindest jemanden, der gerade ohne feste Stelle war. Plötzlich gab es für unsere Traumjobs keine Planstelle mehr.

Auch für meinen nicht. Mitten in der Medienkrise 2002 verlor ich meinen Job in einem Verlag. Dabei hatte ich ihn doch erst vor ein paar Jahren angetreten. Natürlich war ich darauf nicht vorbereitet. Wie auch? Es sollte doch immer bergauf gehen mit uns, wie mit unseren Eltern. Wozu hatte ich denn diese tolle Ausbildung mit Studium, Fremdsprachen und Praktika hinter mich gebracht? Obwohl ich zusammen mit einigen anderen Kollegen aus wirtschaftlichen Gründen entlassen wurde und obwohl der Rausschmiss schon Wochen vorher absehbar war, begriff ich erst Tage später, was da überhaupt geschehen war.

Zumindest der Sozialstaat ging damit routiniert um. Zuerst gab es wie selbstverständlich eine ordentliche Abfindung, Überbrückungsgeld und danach auch noch Arbeitslosengeld. Ich fiel also weich. Das Ganze fühlte sich tatsächlich erst mal gar nicht übel an, ein bisschen wie ein extrem langer, bezahlter Urlaub. Endlich Zeit für die Dinge, die man schon lange mal machen wollte! Wirklich arbeitslos fühlte ich mich erst nach meinem ersten Besuch beim Arbeitsamt. Dort wurde mir klar: Jetzt bist du Teil einer Randgruppe, bei der es gerade nicht wirklich aufwärtsgeht. Wie immer ich es auch betrachtete: Ein Karriereschub sah definitiv anders aus. Da half es nicht viel, dass es um 2002 viele von uns erwischte.

Das Wartezimmer für die Buchstaben M–Z war vollkommen überfüllt. Auch auf den mattgrünen Plastikbänken im Gang war kein einziger Platz mehr frei. Ich lehnte mich also an die Wand und versteckte mich hinter einer Zeitschrift über Hollywoodstars. Ohne Vorwarnung schlug mir morgens um kurz nach 8 Uhr die Alkoholfahne eines anderen «Arbeitssuchenden» entgegen. Vermutlich Brandy. In krakeliger Schrift versuchte der Anfang Vierzigjährige, eines der vielen Formulare zu seinem beruflichen Werdegang auszufüllen. Irgendwann gab er auf. Er schien wohl zu hoffen, dass ihm jemand dabei helfen würde. Wie alle anderen

Fälle arbeitete mein Sachbearbeiter auch meine Akte mit einer schlechtgelaunten Routine ab. Nach kurzer Akteneinsicht tat der Endvierziger, der seinen teigigen Körper in ein zu enges gestreiftes Hemd zwängte, erst gar nicht so, als ob er mir einen neuen Job in der Medienbranche besorgen könnte. Wie auch? Es wurde ja gerade entlassen, bei gleichzeitigem Einstellungsstopp. Das wussten wir beide. Also einigten wir uns stillschweigend darauf, dass wir uns gegenseitig nicht auf die Nerven gehen. Ich sollte mich einfach, falls ich mal tage- oder wochenweise arbeite, per Mail bei ihm abmelden. Er würde dann eine pünktliche Überweisung meines Arbeitslosengelds beantragen – und eine tägliche Pauschale davon abziehen. Das kam mir entgegen. Hauptsache, ich würde hier nicht mehr hinmüssen, in dieses trostlose Wartezimmer mit seinen schwerverständlichen Formularen.

Nach wenigen Wochen hatte ich wieder ein paar freie Aufträge – und konnte wenigstens geschäftig tun. Ich beeilte mich, meine Arbeitslosigkeit als Übergangserscheinung, als Betriebsunfall darzustellen. Was sie dann ja auch war. Aber Spuren hat dieser Betriebsunfall trotzdem hinterlassen. Es waren nur ein paar Monate, in denen ich zudem nebenbei arbeitete – aber darum ging es nicht. Es war einer dieser Momente, in denen man kurz in den Abgrund blickt. Horror! Ein kreuzbraver Kollege aus meiner alten Redaktion feierte damals eine Barfuß-Hochzeit mit einer Thai, die er erst zwei Wochen vorher kennengelernt hatte. Kein gutes Zeichen, dachte ich und überlegte zum ersten Mal kurz, warum ich mit meinem Einser-Abi eigentlich nicht Jura studiert habe.

Heute sagen unsere Eltern nicht mehr, dass wir es mal besser haben sollen als sie. Heute formulieren sie so: «Sie sollen es wenigstens einmal genauso gut haben wie wir.» Und sie sind sich dabei nicht mal sicher, dass das klappt. Denn in der Mittelschicht geht seit der Wirtschafts- und Medienkrise die Angst vor dem Abstieg um – vor dem eigenen und dem der Kinder und Enkelkinder. Lange war diese Angst unbegründet, denn die Zahl der Menschen mit mittlerem Einkommen blieb stabil. Ihr Anteil lag bis 2001 um 60 Prozent. Gleichzeitig wurde die Wahrscheinlichkeit, Mittelschicht zu bleiben, wenn man es einmal war, immer größer.

Neue Untersuchungen des Deutschen Instituts für Wirtschaftsforschung belegen hingegen: Die Mitte schrumpft, langsam, aber sicher. 2006 zählte das Institut nur noch 54 Prozent der deutschen Haushalte zur Mittelschicht, 1992 waren es noch fast zehn Prozent mehr. Das ist für einige durchaus angenehm. Denn der Grund für die schrumpfende Mittelschicht liegt auch darin, dass einige aufgestiegen sind: Mit 21 Prozent gehörten drei Prozent mehr zu den einkommensstarken Haushalten als vierzehn Jahre zuvor. Die besten Chancen dazu haben Akademiker-Haushalte ohne Kinder, in denen beide Partner arbeiten.

Aber noch stärker ist die Zahl der armutsgefährdeten Haushalte gestiegen. Es sind also in den letzten Jahren mehr Mittelschichtler ab- als aufgestiegen. Besonders gefährdet: geschiedene oder alleinerziehende Frauen. Die Trennung vom Partner führt schnell zum Abrutschen. Gleichzeitig haben es trotz sinkender Arbeitslosenquote weniger Menschen geschafft, in die Mittelschicht aufzurücken. Heute ist es viel wahrscheinlicher, dass Unterschicht auch Unterschicht bleibt, als noch vor zehn Jahren.

Klar, dass die Eltern sich Sorgen um uns machen. «Oje», sagen sie dann zu ihren Nachbarn, die Kinder im selben Alter haben, «hat Ihrer auch noch nichts Festes!» Als sie in unserem Alter waren, lief es bei den meisten längst in geordneten Bahnen: Sie hatten einen Job (mit Aufstiegsperspektiven), ein Haus (mit einer Hypothek) und eine Familie (mit mehr oder weniger Kindern). Heute ist das anders. Wenn sie sehen, wie wir nochmals den Job wechseln, arbeitslos werden oder immer noch nicht befördert wurden, wundern sie sich. Das können sie nicht nachvollziehen. Aber auch wir sind weniger sorglos: Während die Eltern noch wollten, dass wir es mal besser oder zumindest genauso gut haben, sind wir schon froh, wenn wir unseren Kindern keine Schulden hinterlassen.

Zwischen Sicherheit und Selbstverwirklichung

Die erste Jobkrise in unserem Leben hat uns nämlich verändert. Wir hatten ja keine Erfahrung mit so etwas. Und wir konnten niemanden um Rat fragen, schließlich sind wir die erste Nachkriegsgeneration ohne Aufschwunggarantie, ohne jährliche Steigerung des Bruttosozialprodukts. Auf die Krise nach dem Börsencrash und die Angst, aus der Mittelschicht abzurutschen, antworteten wir deshalb mit einem für uns ganz neuen Bedürfnis: nach Sicherheit.

Besonders wenn der 40. Geburtstag näher rückt, stellt man sich plötzlich ganz andere Fragen: Statt «Was macht mir Spaß?» eher «Was kann ich wirklich gut?». Statt «Wo kann ich mich selbst verwirklichen?» eher «Welcher Job hat bei meiner Qualifikation Zukunft?» oder «Gibt's meinen Beruf in zehn Jahren überhaupt noch?». Statt «Was habe ich noch nicht angefangen?» eher «Welchen Job will ich mit 45 oder 50 ausüben, ohne mir albern vorzukommen?».

Andererseits haben die Eltern immer zu uns gesagt: «Such dir einen Job, der dir Spaß bringt!» Zwischen diesen beiden Polen, zwischen Sicherheit und Selbstverwirklichung, sind die Vierziger hin- und hergerissen. Anders als unsere Eltern im selben Alter lieben wir den Gedanken einfach zu sehr, dass uns alle Möglichkeiten offenstehen.

Mit dieser Einstellung ist es kein Wunder, dass es heute nicht allzu viele erfolgreiche Vierzigjährige gibt. Noch immer haben Ältere das Sagen: Der Altersdurchschnitt der Bundesregierung liegt bei 57 Jahren. Das ist vier Jahre älter als in den Vorständen der DAX-Konzerne. Im Bundestag stieg der Altersdurchschnitt heute über 50. Selbst der durchschnittliche Grünen-Abgeordnete ist mittlerweile 46 Jahre alt. Von insgesamt 170 Ministern und Regierungschefs in Bund und Ländern sind fünf unter 40 Jahre. Das war nicht immer so. Hans-Jochen Vogel etwa konnte mit 34 Jahren Oberbürgermeister von München werden und Theo Waigel mit 33 für die CSU in den Bundestag ziehen. «Früher spielten die Jungen eine größere Rolle», sagte Waigel kürzlich.

Auch in der Wirtschaft sieht es nicht viel besser aus. In den USA hat die Internet-Branche einige mächtige junge Selfmade-Millionäre wie den Yahoo-Gründer Jerry Yang

(41) hervorgebracht. Aber weit und breit kein deutsches Google, kein deutsches Ebay! Der einstige Start-up-Unternehmer Oliver Sinner (39) hat seine Firma Sinner-Schrader längst verlassen und unterhält inzwischen ein Hotel an der Ostsee. Der einzige wirklich bekannte Firmenchef aus unseren Jahrgängen ist Frank Otto (41) – Erbe einer Unternehmer-Dynastie. Ansonsten bleiben die Vierziger bisher merkwürdig unsichtbar und vorrangig mit sich selbst beschäftigt.

Natürlich hat es der eine oder andere von uns zu etwas gebracht. Aber im mittleren Management ist eben meistens Schluss. Für den nächsten Karriereschritt müssten wir noch mehr Einsatz bringen, noch ein paar Stunden mehr draufsatteln. Aber dann fragen wir uns: Lohnt sich das? Wollen wir *noch* später von der Arbeit nach Hause kommen, nur für ein paar Euro mehr? Wollen wir wirklich Personalverantwortung, Leute entlassen? Oder doch lieber mehr Zeit für uns? Immer häufiger nehmen Vierziger im mittleren Management Sabbaticals oder arbeiten Teilzeit. Das wäre für die Generation davor noch undenkbar gewesen.

Sind wir eine Zwischengeneration?

Status (Auto, Haus, Golftasche) ist uns nicht so vorbehaltlos wichtig wie den ein paar Jahre älteren Babyboomern oder den eigenen Eltern. Wir halten uns an der Kasse eher zurück; das Geld verdienen andere. Kein Wunder, dass wir nicht besonders gut sind im Geldverdienen. Nur 5,1 Prozent zwischen 35 und 45 verdienen laut einer neuen Statistik als Single mehr als 3418 Euro oder als Paar mit zwei Kindern 7412 netto, gelten also offiziell als reich. Bei den zehn Jahre älteren Babyboomern und bei unseren Eltern sind das knapp dreimal so viel. Selbst die Jüngeren, die viel weniger Zeit für ihre Karrieren hatten, sind uns schon auf den Fersen.

Wir haben ein zwiespältiges Verhältnis zum Geld. Lange hatten wir keinen Schimmer davon. Ja, es war direkt chic, in Geldangelegenheiten komplett ahnungslos zu sein. Plötzlich änderte sich das. In Zeiten des Börsenbooms starrten viele von uns auf den Liveticker mit den neuesten Börsendaten. Einige hielten sich Ende der neunziger Jahre für Börsenexperten oder sogar für Aktienmillionäre. Gespräche über Geld, vorher ein Tabuthema, waren plötzlich ganz normal – schon beim Frühstück und mit Fremden.

Schnell wurden wir allerdings vom Börsencrash aus dieser Illusion gerissen. Viele von uns haben lange, zu lange gewartet und verloren einen Batzen Geld, etwa mit dem Absturz der Telekom-Aktie. Seither finden wir es wieder besser, von Geldsachen keine Ahnung zu haben. Seither lassen wir uns auf jeden Fall nicht mehr von unseren Freunden, sondern von Fachleuten beraten.

Uns kommt es nicht so sehr darauf an, wie viel Geld wir verdienen, sondern womit. So ist der Softwaredesigner mit 1800 Euro angesehener als der Makler, der sechsmal so viel hat. Ein cleverer TV-Moderator steht höher im Kurs als der Manager, der ihn anstellt. Einen erfolglosen Künstler, der schreckliche Eisenskulpturen herstellt, laden wir eher zum Dinner ein als einen erfolgreichen Banker. Das beste Geld ist eben jenes, das man nebenbei verdient, zufällig, während man einer irgendwie kreativen Arbeit nachgeht.

Auch bei einem neuen Job fragt sich ein Vierziger zuallererst, ob er damit weiterkommt, und erst danach, ob er gut bezahlt ist. Die wenigen Geschäftsführer in unserem Alter schämen sich in ihren schwachen Momenten beinahe für ihr Einkommen. «Ich bin kein Manager», sagen sie dann, «sondern ein Kreativer, der eben mehr Geld verdient als andere.» Selbst wenn sich mancher von uns dabei in die Tasche lügt – es gibt auf jeden Fall ein gutes Gefühl. Wir wissen einfach nicht, warum wir mehr Geld verdienen sollen. Wir kämen nie auf die Idee, mit einem Porsche-Schlüssel protzen zu wollen. Manchmal wird uns daher mangelnder Ehrgeiz nachgesagt – oder mangelnde Risikobereitschaft.

Uns ist einfach der Glaube an den Daueraufschwung der Wirtschaftswunderjahre abhandengekommen. Denn mitten in unserem ersten festen Job hat uns die Wirtschaftskrise nach dem Börsencrash kalt erwischt. Dabei gab es auch vorher Anzeichen für die Grenzen des Wachstums: Noch im Kindergarten erlebten wir an den autofreien Sonntagen der Ölkrise, wie die Weltwirtschaft erstmals stockte. Auf dem Höhepunkt unserer Pubertät begruben die Trümmer von Block 4 des Kernkraftwerks in Tschernobyl den Glauben an den technologischen Fortschritt. Und am Anfang unserer Ausbildung brachte der Fall der Mauer eine Menge Chancen, aber auch Millionen neue Arbeitslose mit sich.

So wurden wir nicht nur, was den Beruf angeht, zu einer skeptischen, distanzierten Generation. Wir pflegen eine ironische Distanz zu den klassischen Karrieren mit ihren Statussymbolen Golfturnier, Dienstwagen, Business Lounge. Die Chefs halten uns sicher nicht für besonders ehrgeizig. Sie schätzen an uns schon eher, dass wir ruhig, zuverlässig und perfektionistisch sind. Aber manchmal übersehen sie uns auch. Denn wir fallen höchstens durch Understatement auf. In manchen Situationen fehlt uns für die richtige Karriere einfach ein wenig Durchsetzungsvermögen.

Aber noch ist nicht klar, ob wir tatsächlich eine Zwischengeneration sind, eine Generation im Windschatten. Es ist noch nicht heraus, ob wir nach dem Fehlstart ins Berufsleben einfach übergangen werden bei den gutbezahlten Posten auf den Chefsesseln. Noch ist nicht sicher, dass in den obersten Etagen auf die Generation 50 plus bruchlos die heutigen Twenty-Somethings folgen. Natürlich, die Zwanzigjährigen haben viele Vorteile: Sie sind viel zielstrebiger als wir, sie treiben ihre Karriere voran und interessieren sich wirklich für Luxus-Artikel. Sie lieben einfach alles: Promis, Technik, Dolce & Gabbana. Wie weit man damit kommen kann, sieht man an ihrer Galionsfigur Paris Hilton.

Wir sind hingegen immer etwas genervt von unseren Jobs. Nein, eigentlich machen die meisten von uns ihre Arbeit ganz gerne. Sie ärgert nur, dass der große Zeitfresser Büro kaum Platz für den ganzen Rest lässt. «Warum muss ich eigentlich werktags bis 19 Uhr im Büro sitzen?», fragt sich Andreas. «Auch wenn ich meine Arbeit längst erledigt habe, zwingen mich die ungeschriebenen Gesetze der Firma, mit allen anderen bis zum bitteren Ende auszuharren.»

Zu der Zeit isst sein achtjähriger Sohn gerade zu Abend. Bis er zu Hause ist, liegt Fritz schon im Bett, und Andreas kann ihm gerade noch eine Gutenachtgeschichte vorlesen. Viel hat sich da in den letzten Jahren nicht geändert. Andreas arbeitet noch genauso lange wie sein Vater, der auch immer erst, kurz bevor Andreas eingeschlafen war, nach Hause kam.

«Sie geben mir einen verantwortungsvollen Job; immerhin leite ich ein Projekt mit einem Volumen von gut fünfzehn Millionen Euro», sagt er. «Dabei soll ich alles wie ein echter Mann regeln. Gleichzeitig behandeln mich meine Chefs wie ein Kleinkind.» Darüber kann sich der Angestellte eines Architekturbüros richtig aufregen. «Ich bin doch mit vierzig alt genug, selbst entscheiden zu können, wann ich nach Hause gehen kann und wann nicht, oder?»

Lieber würde er mal länger bleiben und dafür an einem anderen Tag um 15 Uhr gehen, wenn eben nichts zu tun ist. Dann könnte er im Garten mit seinen Kindern auf die Torwand schießen. Notfalls wäre er ja über sein Bürohandy erreichbar. Wenn er das tatsächlich mal durchzieht, muss er sich die üblichen Bürosprüche anhören: «Na, hast du jetzt auf halbtags reduziert?» Eine Beförderung würde daran auch nichts ändern. Im Gegenteil, Andreas müsste noch ein paar Stunden mehr im Büro verbringen. So hat er sich mit seinem Job im mittleren Management arrangiert: Er brennt nicht mehr, will keine Karriere mehr machen.

Dabei reagiert er wie viele Vierzigjährige auf Veränderungen im Privatleben. Frauen mit vierzig sind nicht wie in der Generation unserer Großeltern Gemahlinnen, die ihrem Ehemann den Rücken freihalten, sondern gleichberechtigte Partnerinnen – und manchmal auch Konkurrentinnen um die Karriere. Täglich müssen daher in modernen Familien die verschiedenen Ansprüche der Partner und Kinder durch Verhandlungen geregelt werden: «Du bringst morgen die Kinder in die Schule, und dafür gehe ich übermorgen zum Elternabend – und dann zum Sport, okay?»

Wir sind die erste Generation, bei der sich die Männer ähnlich gutausgebildeten Frauen gegenübersehen. Fast jeder Dritte zwischen 35 und 40 – über zwei Millionen Menschen – hat eine Fachhochschul- oder Hochschulreife, darunter ebenso viele Frauen wie Männer. Davon hat wiederum fast jeder Dritte einen Universitätsabschluss oder eine Promotion. Auch hier sind es fast genauso viele Frauen wie Männer aus unseren Jahrgängen.

Diese gutausgebildeten Vierziger-Frauen nehmen bei der Geburt der Kinder Elternzeit. Aber spätestens, nachdem die Kinder aus dem Gröbsten raus sind, drängen viele wieder zurück an den Schreibtisch, ins Büro oder die Kanzlei. «Meine Frau Julia wollte unbedingt wieder halbtags als Buchhändlerin arbeiten», sagt Andreas. Zuerst war das nur ein vager Wunsch, aber dann kam Julia immer wieder darauf zurück, auch in den Gesprächen bei ihrem Paartherapeuten.

Als sie schließlich einen Job gefunden hatte, ging Andreas zu seinem Chef und forderte mehr Freizeit. Erst als er darauf beharrte, stimmte sein Boss zu. Inzwischen holt Andreas seine beiden Kinder an einem Nachmittag pro Woche aus dem Kindergarten ab, die restlichen Tage übernimmt eine Tagesmutter. «Mit der Beförderung wird das jetzt wohl nichts mehr», sagt Andreas. «Dabei arbeite ich effektiv gar nicht weniger als vorher. Ich lasse nur manchmal die Mittagspause ausfallen und quatsche nicht so viel mit meinen Kollegen wie früher. Aber mein Standing in der Firma hat schon gelitten, seit ich freitags immer schon um 16 Uhr gehe. Viele Kollegen denken wohl, dass ich jetzt andere Prioritäten habe.»

Die Gespräche mit Vierzigjährigen zeigen: Heute kann von einer Freizeitgesellschaft oder vom Verschwinden der Arbeit überhaupt keine Rede sein. Trotz aller Diskussionen über Gleitzeit und Familienfreundlichkeit arbeiten Angestellte nicht weniger als in den sechziger Jahren. Im Gegenteil, sie verbringen heute zwei Stunden pro Woche mehr im Büro. Das betrifft die Hälfte aller Arbeitnehmer: Rund 2,9 Millionen zwischen 35 und 40 Jahren arbeiten laut Statistischem Bundesamt als Angestellte. Gerade bei Hochqualifizierten, die 20 Prozent aller Beschäftigten ausmachen, steigt die Arbeitszeit immer weiter an. Fast jeder Dritte von ihnen arbeitet bereits mehr als 48 Stunden.

Dazu kommen noch die langen Anfahrtszeiten. Wie unflexibel Arbeit immer noch organisiert ist, erleben die Pendler jeden morgen auf dem Weg zur Arbeit. In allen deutschen Großstädten bilden sich zwischen 7.30 Uhr und 9 Uhr kilometerlange Staus. Danach warten sie um

12.30 Uhr wieder mit ihren Kollegen in der Kantinen-schlange. Freitags machen sie dann früher Schluss – und harren auf dem Weg nach Hause wieder im Stau. Oder sie drängen sich in überfüllte Busse und Bahnen.

Immer mehr fragen sich: Warum muss ich um 9 Uhr im Stau stehen, wenn ich doch auch früher anfangen könnte? Mein Kind habe ich ja schon um 7.30 Uhr in die Schule gebracht. Oder warum kann ich nicht erst um 11 Uhr an-fangen zu arbeiten, wenn ich abends in der Stadt ins Kino will, und es sich vorher nicht mehr lohnt, nach Hause zu fahren? Sie träumen von einem Home Office Day, vielleicht auch nur alle 14 Tage. Das wäre schon was. Oder von einem Sabbatical.

Gerade Vierzigjährige klagen darüber, dass sie zwischen Berufen, Kindern, Partnern, Familien, Freunden, Hobbys und Putzen keine Zeit finden. Das liegt vor allem am Zeit-fresser Arbeit. Dabei wäre das leicht zu ändern. Vier von zehn Mitarbeitern eines US-Pharmaunternehmens waren bei einer Umfrage mit ihren Arbeitszeiten unzufrieden. Schon nach leichten Anpassungen der Bürozeiten an die Bedürfnisse der Angestellten waren es nur noch 20 Pro-zent.

Aber noch sind die meisten Firmen nicht bereit für flexiblere Arbeitsmodelle: 48 Prozent der 1300 befragten Führungskräfte gaben bei einer Untersuchung der Bera-tungsgesellschaft Korn Ferry an, sich durchaus vorstellen zu können, gelegentlich zu Hause zu arbeiten. Dreiviertel finden, dass ihre Home-Office-Mitarbeiter mindestens so produktiv sind wie die Kollegen im Büro. Trotzdem bleibt der Anteil der Angestellten, die hauptsächlich zu Hause arbeiten, in Deutschland seit Mitte der neunziger Jahre unverändert bei etwa acht Prozent.

Bei einem Ausstieg auf Zeit sieht das ganz ähnlich aus. Mehr als ein Drittel der deutschen Arbeitnehmer würde gerne mal ein Sabbatical nehmen: einfach mal abhauen, eine Weltreise antreten, ein Handwerk lernen oder ein paar Monate im Ausland mit den Kindern leben. Und warum wagen es nur die wenigsten? Weil sie Angst um ihre Karriere haben. 56 Prozent der Befragten gaben bei einer Forsa-Umfrage an, dass sie bereits bei einem Ausstieg von ein paar Monaten berufliche Nachteile fürchten.

Die meisten Männer mit vierzig beklagen sich also darüber, dass sie zu viel arbeiten müssen. Bei Frauen mit Kindern ist das umgekehrt: Sie bemängeln im selben Alter, dass sie zu wenig arbeiten. Bei ihnen stoppen die Babys die Karriere. Das merkte auch Julia. Als sie 2007 ihr zweites Kind bekam, reichte sie bei ihrem Arbeitgeber Elternzeit ein. Ihr Chef ließ sich zunächst nicht darauf ein, schon gar nicht unbefristet. «Vielleicht ein paar Monate. Dann kann ich Ihren Job kommissarisch jemand anderem aus der Abteilung geben», sagte er. Aber Julia konnte sich nicht vor der Geburt festlegen. Sie wollte diesmal mehr Zeit mit ihrem Kind verbringen. Ihr Chef hat ihr vorgeschlagen, sobald es geht, wenigstens 15 bis 30 Stunden pro Woche zu kommen. Das sei schließlich erlaubt in der Elternzeit. Darauf wollte sich Julia aber nicht einlassen.

Als sie dann nach zwei Jahren bei ihrem Chef anrief und möglichst bald wieder zurückkommen wollte, war dieser extrem reserviert. Schließlich rückte er damit raus, dass ihre Stelle längst wegrationalisiert wurde. Als die Firma keine Anstalten machte, ihr eine neue Teilzeitstelle zu besorgen, pochte Julia auf die gesetzliche Rückkehrgarantie. Bevor sie in Elternzeit ging, hatte sie ein prima Verhältnis zu den Vorgesetzten; bei ihrer Rückkehr hatte es sich verändert. Sie waren enttäuscht von ihr, weil sie ausgestiegen ist, wenn auch nur auf Zeit. Die neue Stelle, die Julia angeboten wurde, war ein Witz. «Ich sollte auf 15-Stunden-Basis als Assistentin meines ehemaligen Praktikanten anfangen», erzählt Julia. Das war natürlich weit unter ihren Qualifikationen und unter ihren Gehaltsvorstellungen. «Ich hatte den Eindruck, dass ich auf einem Abstellgleis geparkt werden sollte.»

Daraufhin hat sie ihrem Chef verschiedene Modelle vorgeschlagen. «Ich hätte mir alles Mögliche vorstellen können. Zusammen mit einer Kollegin mit Kind hätte ich mir eine verantwortungsvolle Stelle teilen können.» Von einer Freundin in einer großen Schweizer Firma hat sie gehört, dass dort die Arbeitnehmer zwei Jahre im Voraus festlegen, wie viel sie arbeiten werden: 40, 60, 80 oder 100 Prozent. Etwas Ähnliches bot sie auch ihrem Chef an. Schrittweise sollte sie ihr Arbeitspensum wieder erhöhen, schließlich würden ihre Kinder ja auch immer selbständiger. «Aber mein Chef konnte sich nur unqualifizierte Halbtagsjobs und Führungskräfte mit 110 Prozent Einsatz vorstellen. Dazwischen gab es für ihn nichts.» Mittlerweile hat Julia gekündigt und arbeitet halbtags als Familienberaterin.

Auch Natascha hat mit dem ersten Kind auf Teilzeit umgestellt. Nach der Geburt war sie ein Jahr zu Hause. Inzwischen wieder in der Werbeagentur, verlässt sie pünktlich um 16 Uhr das Büro, um ihre kleine Tochter abzuholen. Erst gab es nur neidische Blicke der Kollegen. Dann landeten die wichtigen Projekte nicht mehr auf ihrem Tisch, sondern bei anderen. Meetings wurden erst um 17 Uhr angesetzt, obwohl allen klar war, dass sie eigentlich schon weg sein muss. «Ich habe nicht den Eindruck, dass ich weniger arbeite, aber ich werde einfach nicht mehr für voll genommen. Manche verhalten sich, als ob ich bereits gekündigt hätte.»

Trotzdem ist Teilzeit auch bei Vierzigern immer beliebter. Seit 1991, also in der Zeit, als sie massenhaft auf den Arbeitsmarkt drängten, hat sich die Zahl der Teilzeitstellen mehr als verdoppelt. Insgesamt arbeitet rund ein Drittel aller Beschäftigten heute weniger als 35 Stunden. Mehr als die Hälfte aller berufstätigen Frauen arbeitet halbtags. Das ist Spitze in Europa. Aber weiterhin gilt: Wer einmal auf Teilzeit geht, verzichtet auf Karriere und Gehaltserhöhungen. Das Recht auf Teilzeit ist bislang eine Einbahnstraße: Wer einmal reduziert hat, verliert seinen Anspruch auf einen Vollzeitjob.

Außerdem rächt sich das niedrigere Gehalt später bei der Rente. Sie sinkt bei Akademikerinnen in Halbtagsjobs um bis zu 42 Prozent. Kein Wunder, dass sich die gutausgebildeten Mütter darüber beklagen, dass sie in Teilzeitjobs zu wenig arbeiten können und zu wenig Aufstiegschancen haben. Dabei gibt es eine einfache Lösung: Frauen und Männer, das hat eine Studie kürzlich erbracht, wollen am liebsten zwischen 30 und 35 Stunden pro Woche arbeiten. So könnten sich alle eine Vereinbarkeit von Beruf und Familie vorstellen.

Bei manchen wird die Unzufriedenheit mit den Arbeitsstrukturen so groß, dass sie etwas ändern. Sie erinnern sich wieder an das Motto der Eltern: «Tue, was dich glücklich macht!» – und machen sich selbständig. In unserem Alter gehen wir so etwas auch nicht mehr blauäugig an. Nicht mehr so naiv wie in den neunziger Jahren, als viele von uns mit Mitte zwanzig dachten, die Welt liege ihnen zu Füßen. Damals gründeten wir einen Internetversand für Aschenbecher und wunderten uns, dass wir damit keine fünfzehn Angestellten ernähren konnten. Oder wir eröffneten einen Laden für Damenschuhe, weil wir Pumps so toll finden, suchten uns dafür aber eine Seitengasse ohne Laufkundschaft aus. Oder wir wurden selbständiger Finanzberater und mussten schnell feststellen, dass nach dem Börsencrash kaum jemand Geld zum Anlegen hatte. Das würde uns heute wahrscheinlich nicht mehr passieren. Wir haben schließlich aus unserem Fehlstart gelernt.

Erst kürzlich entschied sich auch Natascha gegen die sichere Festanstellung. Nachdem sie halbtags in ihrer Firma keine Chancen mehr sah, nutzte sie ein Existenzgründungsprogramm für Selbständige. Seither ist sie wie verwandelt. Anstatt schlechtgelaunt über ihre Chefs und die schlechte Organisation im Büro herzuziehen, macht sie sich auf die Suche nach neuen Auftraggebern, Fortbildungen oder eigenem Briefpapier. Sie plant alles ganz genau: So hat sie ein paar Kunden in die Selbständigkeit mitgenommen, schnell ein kleines Büro mit netten Kollegen gefunden – und losgelegt. «Es macht echt Spaß, nach zwölf Jahren in der gleichen Firma auf eigene Kosten, aber auch auf eigenes Risiko zu gehen», sagt sie. «Ich habe lange gezögert, aber irgendwann habe ich mir gesagt: Wann soll ich das machen, wenn nicht jetzt! In ein paar Jahren bin ich doch zu alt für so einen Neustart.»

Inzwischen kann sie sich nicht mehr vorstellen, als Angestellte zu arbeiten. «Das war wirklich eine Befreiung für mich. Seit ich mein eigener Chef bin, arbeite ich viel effektiver und selbständiger. Außerdem kommt am Ende mehr Geld raus, zumindest wenn ich mich nicht verrechnet habe.» Damit ihr das nicht passiert, fragt sie bei Kollegen und Freunden nach oder recherchiert im Internet: Was kann ich als Tagessatz nehmen? Was kann man dafür verlangen? Wann soll man Mahnungen schreiben? Ab wann lohnt sich ein Auftrag wirklich? Für diese und noch viel mehr Fragen hat sie bereits vor Beginn der Selbständigkeit Antworten parat.

Sie ist einer von inzwischen 588 000 Menschen zwischen 35 und 40, die laut Statistischem Bundesamt selbständig sind, das ist fast jeder Zehnte. Ähnlich sieht es bei den 40- bis 45-Jährigen aus. Bei den Männern sind es in diesem Alter sogar fast 15 Prozent. In keiner anderen Altersgruppe gibt es mehr Selbständige als bei uns. Darunter sind Ärzte, Anwälte und Unternehmer, aber auch Ich-AGs, Mini-Firmen, selbständige Zeitungsausträger oder Putzleute. Bei den Selbständigen gibt es fast die ganze Palette von Jobs, die sich auch unter den Angestellten finden.

In unserem Alter lohnt sich eine Neuorientierung im Job wie bei Natascha auch noch. Auf jeden Fall sind wir noch zu jung, um die Jahre bis zur Rente in einem gerade noch erträglichen Job zu zählen. Wir arbeiten schließlich noch mindestens 27 Jahre. Das ist länger, als wir bisher in die Rentenkasse eingezahlt haben. Also rechnet sich ein

Neustart für uns allemal. Vielleicht nicht unbedingt ein langes Mathematikstudium, aber eine Lehre als Fotograf oder eine Ausbildung als Yogalehrer kann man locker mit vierzig noch beginnen – sogar mit ordentlichen Aussichten auf eine zweite Karriere.

Bislang waren häufige Jobwechsel eher in den USA üblich, in Deutschland galten sie als Karrierebremse. Aber das hat sich gebessert. Laut einer Studie wechselt heute auch in Deutschland jeder Dritte im Laufe seines Arbeitslebens seinen Beruf mindestens einmal. Viele wollen gerade in unserem Alter nicht nur Dienst nach Vorschrift machen. Sie wollen nicht noch weiter gerade so viel arbeiten, dass sie nicht entlassen werden, und so wenig, dass sie nicht wirklich involviert sind. Sie wollen mehr vom Leben, also auch von ihrer Arbeit. Dann fragen sie sich: Was kann ich eigentlich wirklich gut? Für welchen Job würde ich gerne jeden Tag in aller Frühe aufstehen?

Sie haben schon einiges erreicht – und trotzdem nicht den Eindruck, angekommen zu sein. Deshalb entscheiden sie sich, nochmal ganz von vorne anzufangen. Als Vierziger pendeln sie zwischen Sicherheitsdenken und Selbstverwirklichung – und profitieren genau davon: Sie sind neugierig auf Herausforderungen, aber nicht so naiv wie vor zwanzig Jahren, alles auf eine Karte zu setzen. Dann macht eine PR-Mitarbeiterin einen trendigen Lieferservice für Gebäck auf und versorgt einige ihrer ehemaligen Kunden bei Feiern mit Marzipanblumen und Minitörtchen. Das Mehl für den Teig ist natürlich aus ökologisch streng kontrolliertem Anbau.

Oder ein Diplomkaufmann eines Metallunternehmens

startet eine kleine Firma, die nur Milch und Joghurt aus frischen und unbehandelten Zutaten herstellt. Zuerst macht er das nebenbei: Marketing, Versand, einfach alles. Inzwischen hat er seinen Job gekündigt und mehrere kleine Filialen eröffnet. Trotzdem verbringt er nicht so viel Zeit wie zuvor mit Arbeiten. Außerdem gönnt er sich den Luxus, zwei Monate im Jahr Urlaub zu machen – am Stück. Dann startet er zu Fernreisen nach Afrika, Asien oder Südamerika und kommt manchmal sogar mit neuen Rezepten zurück.

Oder Kerstin. Sie arbeitete erfolgreich als Anwältin in einer Hamburger Kanzlei, manchmal mehr als sechzehn Stunden pro Tag. Als sie gefragt wurde, ob sie als Partner einsteigen wolle, schien das für ihre Kollegen eine reine Formsache. Aber sie hatten nicht mit Kerstin gerechnet. «Ich hatte zwar mehr als ausreichend Geld und eine tolle Wohnung mit Garten an einem Kanal, dafür aber kaum Privatleben und schon länger keine feste Beziehung mehr. Da habe ich mich gefragt: Wieso ist mein Garten so lausig gepflegt? Habe ich mir mein Leben so vorgestellt? Will ich meinen Job noch 25 Jahre machen?»

Bei ihren wöchentlichen Pilateskursen merkt sie, dass es noch etwas anderes als Arbeit und Fitnesstraining oder Schlafkuren für die nächste Arbeitswoche gibt. Nach den Übungen war sie meistens zufrieden, entspannt und schlief viel besser als an anderen Tagen. «Warum kann ich das nicht immer haben», dachte sie sich. «Warum soll ich mit Ende dreißig nicht noch einmal etwas ganz anderes anfangen?» Kerstin kündigte bei ihrer Firma und begann in Berlin eine Ausbildung als Yogalehrerin. Geld hatte sie genug gespart. Ein paar Monate ohne Einkommen – das sollte kein Problem sein.

Inzwischen gibt sie zusammen mit einer Freundin in einem kleinen Studio Kurse. Einrichtung, Matten und die Renovierung der ehemaligen Lagerhalle hat sie von ihren Ersparnissen bezahlt. Mehr als 10 bis 15 Stunden pro Woche will Kerstin eigentlich nicht unterrichten. Das hat sie früher an einem einzigen Tag gearbeitet. Aber sie möchte nie mehr so viel Zeit mit Arbeiten verbringen, auch nicht mit Yoga. Dafür ist sie in ein kleines, aber freundliches Einzimmer-Apartment gezogen und zahlt nur noch ein Drittel ihrer vorherigen Miete. Downshiften nennen Soziologen diesen freiwilligen Verzicht auf berufliche Karriere. Aber davon hat Kerstin noch nie etwas gehört. «Für mich ist das Kürzertreten auf jeden Fall ein Schritt nach vorn. Inzwischen bemitleide ich meine ehemaligen Kollegen, die sich täglich mit der Konzernpolitik und selbstherrlichen Mandanten herumschlagen müssen. «Und meinen Lebensstandard einzuschränken – das war auch gar nicht so schlimm, wie ich dachte», sagt Kerstin.

Arrangieren mit dem Job

Die meisten von uns arrangieren sich allerdings mit ihrem Job, immer wieder. Das ist nicht unbedingt Resignation, sondern eher eine neue Betrachtungsweise. Mit vierzig erwarten wir einfach nicht mehr, dass der Job uns glücklich macht. Wir haben in den letzten zehn Jahren eines gelernt: Arbeit kann noch so abwechslungsreich, interessant oder gut bezahlt sein − irgendwann wird sie eben Routine. Das gilt auch für die Chefpositionen oder die beim Konkurrenten.

Erstaunliche 69 Prozent der deutschen Erwerbstätigen machen laut einer Studie des Gallup Instituts nur noch Dienst nach Vorschrift. Weitere 18 Prozent leben sogar im Zustand der inneren Kündigung, und nur jeder Zehnte ist mit seinem Job zufrieden. Auch in meinem Bekanntenkreis sind höchstens ein oder zwei Vierzigjährige rundum zufrieden. Was ihr Geheimnis ist, wüssten die anderen auch gerne. Der Rest meckert in regelmäßigen Abständen über Chefs, Arbeitszeiten, Kollegen oder Kantine.

Seit Monaten redet Andreas von nichts anderem als von seinem Ärger im Job. Jetzt müsse er endlich kündigen. Jetzt sei es aber wirklich genug. «Ich suche mir jetzt einen neuen Job und damit basta.» Als ich ihn dann ein paar Wochen später in einer Bar traf, klang er schon wieder ganz anders: Ach, das mit dem Job, das habe sich in Wohlgefallen aufgelöst. Nein, wechseln wolle er jetzt nicht mehr: «Das andere Angebot war bei Licht betrachtet auch nicht so toll. Da wäre ich doch vom Regen in die Traufe gekommen.» Außerdem fragt sich der Mitarbeiter einer großen Pharmafirma, was ihm der Wechsel bringen soll. «Der neue wird doch auch scheiße sein.»

Regelmäßig stellen Vierziger ihren Job in Frage, auch grundlegend. Aber was beim Ramazotti oder Kaffee im Gespräch mit Freunden noch entschlossen und mutig klingt, ist häufig am übernächsten Morgen im Büro schon wieder vergessen. Dann denkt Andreas an die Vorteile seiner langjährigen Festanstellung: Seine Gratifikation, die Mitarbeiter erst nach drei Jahren bekommen, hat er schon fest für die Renovierung seiner Wohnung verplant. Auch auf die Weihnachtsfeier freut er sich jetzt schon ein bisschen, besonders auf die Fotos im Intranet am nächsten Tag. Dass er regelmäßig an Fortbildungen teilnehmen darf, die sich gut in seinem Lebenslauf machen, weiß er ebenfalls zu schätzen. Manchmal erinnert er sich daran, wie es vorher war und dass ihn Vermieter und Bankangestellte mit der neuen Stelle plötzlich richtig gernhaben. Das Leben wurde leichter, auch weil ihn Bekannte, Freunde und die Eltern seiner Frau nicht mehr schief angeschaut haben.

«Gerade habe ich ein neues, finanziell besseres Angebot von einem Konkurrenten bekommen», sagt er ein paar Wochen nach einer weiteren Jobkrise. «Aber es ist noch nicht der richtige Zeitpunkt für eine Kündigung. Ich kann bei meiner alten Firma noch etwas reißen. Und: Ich bin noch nicht genervt genug.» Was er nicht sagt: Natürlich hat er mindestens drei Monate Probezeit. Da er ein ziemlich komplizierter Typ ist, ist nicht sicher, ob er mit seinen neuen Kollegen klarkommen wird. In seinem alten Büro wissen die meisten, wie sie ihn zu nehmen haben. Im neuen würde Andreas erst mal anecken, für Irritationen sorgen, möglicherweise scheitern. Er hat sich eben eingerichtet. Da ist ihm ein Wechsel zu unsicher – in seinem Alter.

Die nächste Jobkrise kommt bestimmt

Viele von uns wissen ganz genau: Einen neuen Job bekomme ich heute nicht so schnell wie mit zwanzig oder fünfundzwanzig. So leicht geben sie ihre Stelle deshalb nicht mehr auf. Denn auf der Suche nach einem neuen Posten müssten sie vielleicht die Stadt wechseln oder lange Anfahrtszeiten in Kauf nehmen. Wer Familie hat oder andere Verpflichtungen, überlegt sich das zweimal. Zudem haben wir die Generation Praktikum im Nacken. Das sind jene gutausgebildeten Mittzwanziger, die sich in Zeiten hoher Arbeitslosigkeit von Praktikum zu Zeitvertrag hangelten. Kein Wunder, dass sie heute fast jede Stelle annehmen, zu fast allen Bedingungen. Sie sind heute rund 25 Prozent billiger als wir. Immerhin treibt uns die Einstellung der fünfzehn Jahre Jüngeren dazu, weiter in unserem Job auszuharren.

Der nächsten Motivationskrise sehen wir auch gelassener entgegen als der ersten. Auch da haben wir Routinen entwickelt. «Ich habe mir eine Menge Ratgeber als Proviant auf den Nachttisch gepackt», sagt Andreas. Sie reichen von «Die 4-Stunden-Woche. Mehr Zeit, mehr Geld, mehr Leben» von Timothy Ferriss bis zu «Morgen komm ich später rein. Für mehr Freiheit in der Festanstellung» von Markus Albers. «Darin blättere ich dann, sobald ich wieder von meinem Job angeödet bin. Das wenigste davon kann ich umsetzen, aber ich brüte wenigstens nicht nur herum: Kündigen oder nicht? Ja oder nein?» Manchmal helfe es ihm auch schon, sein Kündigungsgespräch im Kopf durchzuspielen.

In bestimmten Abständen reprogrammieren wir uns, stellen uns neu auf unsere alte Stelle ein – und hoffen, irgendwann von anderen Arbeitsbedingungen profitieren zu können. Die Chancen dafür stehen nicht mal schlecht, denn demnächst werden wir von der demographischen Entwicklung profitieren: Allein durch die geringe Geburtenrate kippt spätestens 2011 der Arbeitsmarkt. Dann wird der Nachwuchs fehlen, und die Unternehmen werden froh sein, wenn sie unsere Jahrgänge noch weiterbeschäftigen können. Dann werden sie sich hoffentlich um uns reißen. Bereits 2015 werden, das haben Bevölkerungswissenschaftler herausgefunden, auf dem Arbeitsmarkt sieben Millionen Menschen weniger als heute zur Verfügung stehen. Besonders Fachkräfte werden wieder so begehrt wie in den neunziger Jahren. Das könnte unsere Verhandlungsposition verbessern. Vielleicht bekommen wir dann Arbeitsbedingungen, die unserer Art zu leben besser entsprechen?

Einige Firmen beginnen, sich schon heute auf diese Veränderungen einzustellen. Sie merken, dass gerade Vierzigjährige mit ihrer Mischung aus Sicherheitsdenken und Neugierde in vielen Bereichen perfekt einsetzbar sind. Noch 2003 gaben in einer Umfrage des Instituts für Arbeitsmarkt und Berufsforschung 15 Prozent der befragten Unternehmen an, grundsätzlich keine älteren Mitarbeiter zu beschäftigen. Diesen Jugendkult können sich Unternehmen heute nicht mehr leisten. So stieg der Anteil der über Fünfzigjährigen in der BMW-Belegschaft in den letzten zehn Jahren von 14 auf 37 Prozent. Auch Konkurrent Audi setzt auf vierzig plus: An der Produktion des neuen Sportwagens R 8 sind vorwiegend ältere Facharbeiter beteiligt. Der Altersdurchschnitt liegt hier über vierzig.

So etwas hören wir natürlich gern. Dann bleiben uns ja noch ein paar produktive Jahre, bis wir den Höhepunkt erreicht haben. Vorbei scheinen die Zeiten, in denen man ab 45 zu alt für alles Mögliche war. In den meisten Betrieben hat der Jugendwahn ausgedient. Sie streben eher einen Mix aus verschiedenen Altersgruppen an. Inzwischen werden die Vierziger regelrecht hofiert. So bekommen ältere Arbeiter im BMW-Werk in Dingolfing spezielle Schuhe, ergonomisch geformte Stühle oder größere Bildschirme verpasst. Speziell ausgebildete Physiotherapeuten kümmern sich besonders um die Fitness der Belegschaft vierzig plus.

Comeback der Vierziger-Frauen

Auf jeden Fall gilt vierzig heute nicht mehr unbedingt als Karrieregrenze. Da kann noch etwas gehen. Die entsprechende Ausbildung für eine Karriere haben viele Vierziger ja schon, jetzt kommt noch die Routine dazu. Deutlich häufiger als früher sind Frauen über vierzig unter den Top-Führungskräften. Mit 42,6 Jahren sind sie im Schnitt über vier Jahre jünger als ihre männlichen Kollegen. Arbeitsmarktexperten raten Frauen inzwischen, entweder mit zwanzig oder mit vierzig Kinder zu bekommen – und nicht wie heute üblich mit plus/minus dreißig, wenn das Fundament für die Karriere gelegt wird.

Wie Kathrin. Sie bekam ihre beiden Kinder schon mit Anfang zwanzig. Damals warnten sie Freundinnen und Kolleginnen noch: «Du machst dir doch deine schöne Karriere kaputt!» Tatsächlich wurde Kathrin, die wegen der Kinder nur Teilzeit arbeitete, nicht mehr befördert. Inzwischen, da ihre Tochter schon mit dem Studium angefangen hat und auch ihr Sohn bald auszieht, hat sie einen neuen Posten im mittleren Management eines Ölmultis gefunden. Jetzt startet sie noch einmal durch. «Es macht mir unheimlich Spaß, meine ganze Energie in den Beruf zu lenken.» In der alten Firma wäre das nicht möglich gewesen. «Ein paar Kollegen haben mich schon wegen meiner 30-Stunden-Stelle nicht für voll genommen.»

Im neuen Job ist das anders. Beim Bewerbungsgespräch konnte sie ihren neuen Arbeitgeber davon überzeugen, dass sie mit knapp über vierzig die Richtige sei. «Es gab natürlich auch jüngere Kandidaten. Mein neuer Chef hat sich aber für mich entschieden, weil ich schon bei Konkurrenten Erfahrungen gesammelt hatte.» Außerdem traute er ihr eher Personalverantwortung zu als jüngeren Bewerbern. Der überraschende Schritt hat sich gelohnt: Kathrin verdient doppelt so viel wie vorher und wird regelmäßig auf Fortbildungen und Auslandsreisen geschickt. Kürzlich durfte sie sogar die Firma beim Hauptsitz in New York vertreten.

Auch manche Freiberufler gehen jetzt auf Nummer sicher. Sie interessieren sich gerade um den 40. Geburtstag zum ersten Mal für eine feste Stelle. Lange genug haben sie frei gearbeitet, jetzt wollen sie mehr Planbarkeit – und ein paar Aufstiegschancen. Da kommt ihnen eine Anstellung gerade recht. Vor ein paar Jahren hätten sie vielleicht noch abgelehnt: zu viel Routine, zu viel Bürokratie, zu viel Steuern. Heute wissen sie, dass sie nicht mehr allzu lange warten dürfen. Ansonsten würden ihre zukünftigen Chefs sie immer nachdrücklicher fragen, warum sie sich denn so lange von Festanstellungen ferngehalten haben.

Für Martin etwa kam das Angebot gerade recht. Jahrelang hat er als TV-Journalist gearbeitet. Er hatte regelmäßig Aufträge von mehren Sendern und mehr oder weniger gut zu tun. Aber es ist dieses «mehr oder weniger», das ihm in den letzten Jahren Sorgen machte. Während er anfangs die Tage und Wochen, in denen wenig los war, zum Entspannen nutzte, wurde er in den letzten Jahren immer verkrampfter. Hatte er auch nur ein paar Tage frei, fürchtete Martin, schon bald unter einer Brücke aufzuwachen. Ahnte er vorher höchstens, sich niemals ein großes Auto, einen Tauchurlaub oder ein chices Designersofa leisten zu können, ging es nach dem Börsencrash immer mehr ums Ganze: Er hatte Existenzängste, fürchtete ständig, aus seinem Netzwerk herauszufallen. Diese Furcht hatte sich als vollkommen unbegründet erwiesen. Trotzdem wuchs sie, bis sie ihm immer mehr den Blick auf die Realität verstellte.

«Ich habe nur noch zwei Beiträge für die nächsten drei Wochen und Anfang des Jahres nochmal drei lange Stücken», erzählt er bei einer Geburtstagsparty, obwohl es schon zwei Uhr ist und die meisten Gäste nur noch blöde Witze machen. «Aber was ich dazwischen anstelle? Keine Ahnung. Schrecklich ist das.» − «Wieso? Hört sich doch gut an.» − «Na, da kann immer was danebengehen. Da wechselt ein Redakteur zu einem anderen Sender, und schon habe ich keine Aufträge mehr.» − «Aber du bist doch mit einem deiner Auftraggeber schon seit zehn Jahren befreundet. Bist du nicht sogar Patenonkel seines Sohnes? Der wird sich schon darum bemühen, dass du weiter im Geschäft bleibst.» − «Ja schon, du weißt ja, wie das läuft.» – «Eigentlich nicht, hat er denn überhaupt Wechselabsichten? Bei den großen Sendern bleiben sie doch bis zur Pensionierung.» – «Nein, nein, hat er nicht. Aber drei andere hungrige Freie auf der Ersatzbank warten nur darauf, meinen Job machen zu können. Und dann sitze ich auf der Straße mit vierzig. Da nimmt mich doch keiner mehr, und ich bin ruck, zuck pleite.» – «Moment mal, hast du nicht vorhin erzählt, dass du gerade 50 000 Euro in einem Aktienfonds geparkt hast?» – «Ja und! Dann gibt's wieder einen Börsencrash, und ich steh mit leeren Händen da. Wie kürzlich.»

So geht das mit Martin in einer Tour. Vor ein paar Jahren hat er auch schon viel über seinen Job geredet: wie lustig dieser oder jener Hollywoodstar beim Interview war oder wie günstig die Recherche über Genitalherpes in Ostdeutschland verlief. Inzwischen haben sich Tonfall und Thema geändert.

Er hat selbst keine Lust mehr, pausenlos an die Arbeit zu denken. «Vor ein paar Jahren hat mir das noch Spaß gemacht, aber inzwischen nervt mich diese ständige Kontaktpflege. Viele Verabredungen, zum Lunch oder abends in der Bar, sind nichts anderes als die Fortsetzung des Arbeitstages mit anderen Getränken.» Auch auf Partys ging er manchmal nur, weil er diesen oder jenen Kollegen treffen wollte oder sich davon eine Idee für einen Beitrag versprach. Er war es satt, dass sich ein befreundeter Kollege mitten im Gespräch umdrehte, nur weil ein Redakteur eines TV-Senders hereinkam, von dem er sich einen Job erhoffte. Bei seinem 38. Geburtstag ist ihm dann aufgefallen, dass er mit den meisten Leuten, die in seiner amerikanischen Küche herumstanden, geschäftlich zu tun hatte. Und dass er mit einigen privat eigentlich nie etwas zu tun haben wollte.

Da kam das Angebot, schon nächsten Monat eine Festanstellung antreten zu können. Zuerst war er überrascht, dass er steuerlich weniger absetzen kann und netto weniger verdient als vorher. «Das ist eine Investition in Ihre Zukunft», sagt sein neuer Arbeitgeber. Damit meinte er die jährlichen Gehaltserhöhungen, die Aufstiegschancen, die Gewinnausschüttungen nach drei Jahren und die lukrative Betriebsrente, von der er in sieben Jahren profitieren kann. «In so langen Zeiträumen habe ich vorher nie gedacht. Zuerst fand ich das spießig. Aber dann habe ich mir gedacht: Es ist genau der richtige Zeitpunkt, spießig zu werden. Außerdem kann ich endlich mal wieder was lernen.»

Robert geht's da ganz ähnlich. «Ich hätte nie von mir gedacht, dass ich mich vor meinem 40. Geburtstag anstellen lassen würde», sagt er. «Zu viel Verantwortung, zu viel Stress. Das kannte ich ja noch von meinem Vater. Hat immer zu Hause von seiner Arbeit erzählt. Pausenlos. So einer wollte ich nicht werden.» Ist er doch. Robert, gelernter Kulturwissenschaftler, ist inzwischen stellvertretender Etatmanager einer Internet-Werbeagentur. «Ich kann zwar immer noch nicht rechnen, aber inzwischen ziemlich ernst schauen, wenn es um Budgets geht, und diese auch einhalten.»

Ein paar Falten mehr im Gesicht hat er dadurch schon bekommen, das Jungenhafte ist fast verschwunden. Robert hat inzwischen acht Leute «im Team» und fühlt sich «ganz wohl» mit seinem geregelten Job. Auch wenn es ihn immer noch vor Personalgesprächen graust. Dann wird er manchmal ganz zittrig und trinkt vier «Lemon Grass Tea To Go». Zur Beruhigung. «Ich bin eben seit ein paar Jahren auch Chef, mit allem Drum und Dran», erzählt Robert, der mit vierzig gern und viel von seinem Job erzählt. Wie sein Vater.

Mittlerweile kennt er sich aus. «Heute haut mich so schnell nichts mehr um. Ein angenehmes Gefühl zu wissen, dass ich, na ja, Erfahrung habe. Hatte ich vorher nie.» Robert begeisterte sich wie viele aus seiner Altersgruppe früher ausschließlich für Neues. Häufig wusste er nicht, was am nächsten Tag auf ihn zukommen würde. So hatte er sich Arbeiten auch immer vorgestellt. Manchmal wundert er sich darüber, dass er inzwischen so wenig riskiert im Job, im Leben. Eigentlich könnte er ja gerade mit seinem Wissen neue Wege gehen, aber er will vor allem seine Abteilung irgendwie am Laufen halten. Inzwischen stellt er auch privat Jahrespläne auf und hält sich sogar manchmal dran.

Zum ersten Mal in seinem Leben plant er seine Karriere: Wo will ich noch hin? Was kann ich eigentlich? Früher hat er sich höchstens mal gefragt: Macht mir das eigentlich Spaß? Heute denkt er schon daran, dass er seinen Job vielleicht noch in zehn Jahren ausübt, ohne sich blöd dabei vorzukommen. Deswegen hat er seine Stelle angenommen, bevor es andere tun – und es vielleicht zu spät ist und er kein solches Angebot bis zur Rente mehr bekommt. «Ich möchte schließlich nicht mal in einem lausigen Altersheim landen, nur weil ich kein Geld mehr habe.»

Das kann ich gut nachvollziehen. Wenn ich an meinen Ruhestand denke, stelle ich mir einen graumelierten, braungebrannten Herrn im weißen Hemd und grauen Brusthaaren vor. Die eine Hand an der Pinne eines mittelgroßen Segelboots, die andere liegt locker auf dem durch Pilates fit gehaltenen Schenkel meiner Gefährtin. Gelegentlich rufen die Kinder an, die allesamt in längst abbezahlten Wohnungen oder Einfamilienhäusern leben, und berichten von ihrem finanziell sorglosen Alltag. Und ich? Ich denke höchstens darüber nach, welchen Hafen wir demnächst anlaufen und in welchem Land wir den Winter verbringen werden. Oder über den nächsten Kultururlaub in Rom, Paris oder London.

Dann bekomme ich den nächsten BfA-Bescheid. Inzwischen erhalten ihn ja alle Versicherten unaufgefordert einmal im Jahr. Bei mir löst der Brief von der Deutschen Rentenversicherung immer eine leichte Panikattacke aus. Ich mache ihn tagelang nicht auf, weil ich eigentlich nicht wissen will, was darin steht: Noch arbeiten bis zum 21. September 2035? Und dann kommen nur 314,26 Euro raus. Na, das wird aber ein kleines Segelboot, vielleicht auch nur ein Einer-Kanu, denn welche Gefährtin will schon nach dem Pilates mit einem so armen Schlucker auf See?

Zum Glück bin ich in der Zeile verrutscht: Bei den 314,26 Euro handelt es sich um den heutigen Rentenanspruch. Am 22. September 2035 sieht es dann schon besser aus. Dann bekäme ich eine monatliche Rente von 1364,01 Euro. Das hört sich aber immer noch nicht nach Segelboot an, sondern nach Campingurlaub an der Ostsee. Gut gefallen hat mir allerdings der Hinweis auf eine mögliche Rentenanpassung um ein bis zwei Prozent. Wird die Rente erhöht, würden meine Bezüge tatsächlich um diese Summe steigen. Klingt ordentlich, ist allerdings so vorsichtig formuliert, dass offenbar selbst das Bundesministerium für Arbeit nicht wirklich daran glaubt.

Wahrscheinlicher ist: Meine Rente wird durch die Inflation weiter sinken. Denn auf der nächsten Seite steht, dass an meinem 67. Geburtstag 100 Euro nur noch 66 Euro wert sein werden. Damit ist meine Rente nur noch 900,24 Euro wert. Also eher öffentliche Verkehrsmittel als Segelboot. Kein Wunder, dass ein extra Absatz auf meine «Versorgungslücke» verweist. Ein unmissverständlicher Hinweis darauf, dass ich im Alter pleite sein werde. Und darauf, dass ich aller Wahrscheinlichkeit nach dann noch arbeiten muss und überhaupt keine Zeit haben werde zum Segeln. Ein neues Bild drängt sich auf: von den Rentnern, die in amerikanischen Supermärkten die Tüten einpacken.

Mein Trost: Meine Freunde werden auch dabei sein. Das wird vielen Vierzigern mal ähnlich gehen. Einem verheirateten Angestellten (38), der 2037 in Rente geht, fehlen bei einem Bruttogehalt von 3000 Euro exakt 1003 Euro, um seinen gewohnten Lebensstandard zu halten. Verdient er 4000 Euro, bleiben ihm im Ruhestand bei einer gesetzlichen Rente noch 2062 Euro netto – also 1209 Euro weniger, als er heute zur Verfügung hat. Einem 38-Jährigen mit 2000 Euro bleiben am 67. Geburtstag gerade mal 1056 Euro. Große Sprünge kann man damit nicht machen.

Auch bei Alleinstehenden sieht es nicht viel besser aus.

So bekommt eine Personalberaterin (38) mit 4000 Euro brutto später eine Nettorente von 1797 Euro. Damit fehlen ihr 992 Euro, um ihren alten Lebensstandard zu halten. Im Alter wird uns also ungefähr ein Drittel unseres heutigen Nettogehalts fehlen. Noch übler wird es den vielen Teilzeitjobbern gehen. Sie werden mit weniger als der Hälfte auskommen müssen. Wir müssen also auf einiges verzichten, besonders auf Dinge, die Spaß machen wie Segeln oder Pilates.

Anders als unsere Eltern, können wir uns nicht darauf verlassen, dass sich alles mehr oder weniger von allein regelt. Zwar wird bereits heute in Talkshows viel über Altersarmut diskutiert. Tatsächlich sind aber die heutigen Rentner die reichsten, die das Land je gesehen hat. Rentenexperten gehen davon aus, dass erst 2035 Altersarmut ein Massenphänomen sein wird. Das ist genau der Zeitpunkt, an dem wir in Rente gehen. Die meisten werden dann eine alles andere als üppige gesetzliche Grundsicherung bekommen. Nur wer dreißig Jahre lang mindestens 30 000 Euro pro Jahr verdient hat, erhält dann noch mehr. Damit werden wir die ärmsten Rentner, die das Land je gesehen hat. Das ist die schlechte Nachricht.

Die gute ist: Heute können wir das noch ändern. So mies stehen unsere Chancen auf eine zweite Karriere nämlich gar nicht – besonders wenn wir aufhören, uns selbst im Weg zu stehen. Könnte es sein, dass unsere typische Zerrissenheit zwischen Selbstverwirklichung und neuem Sicherheitsdenken gar kein Nachteil sein muss? Für unsere Väter wäre es mit vierzig wohl undenkbar gewesen, den Beruf zu wechseln, eine neue Sprache zu lernen, auszuwandern –

so wie es immer mehr Angehörige unserer Generation tun. Im Managersprech heißt das: Alleinstellungsmerkmal. Ein Jobcoach würde uns wohl raten, unser Dilemma als Stärke zu begreifen und auszuspielen.

Was das bedeuten kann, sieht man an Stefan, dem Keilschriftexperten. Neulich habe ich ihn in einer Kleinstadt in Süddeutschland besucht, wo er nach abgebrochener Schreinerlehre und nicht beendetem Studium als Webdesigner sein Geld verdient. Er hatte schon immer einen Hang zu ungewöhnlichen Berufswegen. Seit sein Gehalt der Familie immer weniger zum Leben reicht, sammelt er im Vorgarten seines Vorstadthäuschens das Altmetall der Nachbarn.

«Die Rohstoffpreise», sagt er. Dafür hat er sich einen Indienurlaub gegönnt.

«Yoga?», fragte ich ihn auf einer Party. Es war übrigens der 40. Geburtstag seiner Frau.

«Nee, Karriere. Die Zukunft liegt in Asien», sagte Stefan.

Gut, dass er mit 22 mal ein Semester Hinduismus studiert hat.

Vierzig Gründe, warum wir froh sein können, vierzig zu sein

1. Mit vierzig wollen wir unseren Partner nicht mehr ändern.

Wie lange haben wir doch versucht, unseren Partner zu ändern! Dieses und jenes haben wir ihm vorgeschlagen: einen Tangokurs für den Ehemann mit seinen 100 Kilogramm oder ein neues rosa gestreiftes Hemd oder ein Besuch im Museum für den Couch-Potato. Nur mit mäßigem Erfolg. Inzwischen wissen wir es besser: Aus einem Trecker wird kein Sportwagen mehr – auch wenn wir ihn noch so lange putzen.

2. Wir machen nicht mehr wegen jeder Kleinigkeit Schluss.

Vor ein paar Jahren noch hat uns alles Mögliche gestört, gerade Kleinigkeiten. Wenn der Partner im Nicki-Schlafanzug mit Diddelmaus-Aufnähern ankam, waren wir schockiert. Oder als er das erste Mal überhaupt im Schlafanzug auftauchte. Oder wenn sie im Restaurant nichts bestellte, dann aber immer wieder sein Essen probieren wollte. Oder wenn er seine verschwitzten Sportklamotten im Wohnzimmer herumliegen ließ oder stundenlang mit seiner Mutter telefonierte. Das alles nervte uns manchmal so sehr, dass wir Konsequenzen zogen. Wir passen einfach nicht zusammen, erklärten wir dann. Heute gehen wir mit einem Achselzucken darüber hinweg. «Okay, das muss nicht sein, aber noch lange kein Grund, Schluss zu machen.»

3. Wir kaufen uns auch mal selbst Blumen.

Was haben wir uns geärgert – wie unaufmerksam der Partner doch manchmal war! Und bei den Freundinnen oder Freunden haben wir uns darüber beklagt: Wieder hat er keine Blumen mitgebracht! Wieder hat sie nicht kapiert, dass ich Samstagnachmittag mal in Ruhe Fußball schauen will! Sonst nichts. Und wieder bekomme ich nur die untere Hälfte des Frühstücksbrötchens! Natürlich fällt uns das auch heute noch auf, aber wir machen nicht mehr so viel Aufhebens darum. Stattdessen kaufen wir uns eben selbst mal einen Blumenstrauß. Das ist zwar nicht genau das Gleiche, aber auch nicht übel.

4. Bei Michael Jackson denken wir nicht nur an Neverland.

«Klar, Michael Jackson: King of Pop, Neverland, Moon Walk, der Schimpanse. Wie hieß der noch?» Das dachten wir früher. Inzwischen fällt uns bei Michael Jackson auch mal der Whiskyexperte ein. Sein «Guide für Kenner und Genießer» heißt «Malt Whisky» und enthält alles, wirklich alles, was man über Whisky wissen muss. Das ist uns inzwischen mindestens ebenso wichtig wie «Beat It». Dabei ahnen wir nur, was es bedeutet, wenn ein schottischer Drink wie «die Umarmung eines Bären» schmecken soll.

5. Meistens kaufen wir uns Schuhe, Hosen oder Jacken, die uns auch am nächsten Tag noch gefallen.

Wenn wir unseren Kleiderschrank öffnen, wundern wir uns manchmal: Wer hat eigentlich dieses Zeug gekauft? Das goldene Hemd mit den rosa Streifen? Oder diese Schuhe mit den Absätzen, auf denen man gerade mal fünfzig Meter unfallfrei geradeaus gehen kann? Manchmal scheint es, als habe jemand ein paar Altkleider in unseren Schrank gehängt. Das kann doch nicht alles von mir sein! Manche Sachen haben wir tatsächlich nur ein- oder zweimal getragen, andere schon Jahre nicht mehr. Immerhin passiert uns das mit vierzig immer seltener. Inzwischen haben wir so viele Modesünden begangen, dass wir kaum noch danebenliegen. Okay, manchmal befällt uns immer noch ein Kaufrausch, aber in der Regel erstehen wir heute nur noch Klamotten, die wir dann auch anziehen. Der Nachteil: Wenn wir etwas Neues tragen, fällt es kaum noch auf. Es passt eben so gut zu uns, dass es so aussieht, als würden wir es schon Jahre tragen.

6. Mit vierzig müssen wir uns keine Chucks oder Ballerinas mehr kaufen.

Mag sein, dass gerade Chucks oder Ballerinas in Mode sind. Aber das kann uns diesen Sommer endlich mal egal sein. Frauen mit vierzig wissen, dass sie in Ballerinas nicht mehr so leichtfüßig wirken wie 17-jährige Schülerinnen. Und Männer mit vierzig glauben nicht mehr, dass sie, nur weil sie Chucks von Converse tragen, noch skateboarden sollten − zumindest nicht, ohne vorher eine Haftpflichtversicherung abzuschließen. Wirklich neu sind ja weder

Chucks noch Ballerinas für uns: Wir hatten sie ja schon mal Mitte der achtziger Jahre an. Wenn wir mit vierzig unbedingt Chucks tragen, sollten wir wenigstens behaupten, dass wir sie schon seit zwanzig Jahren im Schuhregal stehen haben.

7. Lindsay Lohan, Paris Hilton und Tatjana Gsell können uns piepegal sein.

Vor ein paar Jahren wollten wir noch gerne mitreden, wenn es um neue Trends oder Prominente ging. Inzwischen leisten wir es uns, das eine oder andere vorbeiziehen zu lassen. Und das Beste daran: Wir fühlen uns dabei nicht einmal schlecht, wenn uns Lindsay Lohan nichts sagt: «Lindsay wer? Was hat sie denn gemacht? – Schauspielerin! – In welchem Film? – Keine Ahnung, sie hängt jedenfalls immer mit Paris Hilton rum, der Tochter des Hotelbesitzers. – Na und?»

8. Beim ersten Tag im Job sind wir nicht mehr (ganz so) aufgeregt.

Schlimm, der allererste Tag im Büro. Man ist unausgeschlafen, weil man vor lauter Aufregung schon um fünf Uhr wach wurde. Dann kennst du keinen und bekommst gleichzeitig einen Haufen Leute vorgestellt, deren Namen du Sekunden später schon wieder vergessen hast. Das ist heute natürlich auch noch so, aber wir nehmen es viel gelassener. Schon nach zwei Tagen sagt ein 40-jähriger Neuling: «Ach, die kochen auch nur mit Wasser!»

9. Aus einem unserer vielen Fehlern haben wir immerhin gelernt: Aktien kommen uns nicht mehr ins Haus!

Wir haben mal eine Menge Geld verdient mit Aktien, aber danach noch viel mehr verloren. Das ging schnell beim Börsencrash 2001. In ein paar Monaten hatte sich das Geld, das wir für Steuer, Altersvorsorge oder das neue Auto zurückgelegt hatten, plötzlich verfünffacht – zumindest auf dem Papier. Wir brauchten uns scheinbar keine Sorgen mehr um unsere Zukunft zu machen. Und dann war es weg, zusammen mit ein paar weiteren tausend Euro. Was für ein Schock! Aber wir sind ja lernfähig. Deshalb lassen wir von Aktien inzwischen die Finger – egal, wie gut die Konjunktur läuft und was unser Steuerberater oder der Kumpel von der Bank sagt. Denn wir wissen genau: Der nächste Börsencrash kommt bestimmt.

10. Heute wissen wir: Platz zwei ist auch nicht übel!

Früher wollten wir immer gewinnen: Goldmedaille, 1. Platz, Sieger! Inzwischen sind wir nicht mehr ganz so ehrgeizig. Wir geben nicht um jeden Preis volle Pulle. Wir sind auch mit einem zweiten Platz zufrieden, wenn wir uns dafür nicht allzu sehr verausgaben müssen. In unserem Alter wissen wir: Es gibt immer eine Revanche – und häufig ist es besser, seine Kräfte genau dafür zu sparen.

11. Männer leben noch 38,3 und Frauen noch 40,6 Jahre, rein statistisch.

Bei den um 1970 Geborenen ist vierzig exakt die Halbzeit. Frauen aus unseren Jahrgängen werden 81,2 Jahre, Männer 78,3. Mit exakt 39,15 respektive 40,6 Jahren beginnt also für uns die zweite Hälfte des Lebens. Das war mal anders. Bei unseren um 1940 geborenen Eltern begann sie schon mit 34,3 Jahren, bei den um 1910 geborenen Großeltern sogar mit 26,5 Jahren. Wir haben also noch viel mehr Lebenszeit vor uns als die früheren Generationen.

12. Spätestens 2011 haben wir gute Chancen auf einen Karriereschub.

Die Kinderarmut in Deutschland ist gut für uns. Allein durch die geringe Geburtenrate kippt der Arbeitsmarkt – und zwar schon 2011. Dann wird der Nachwuchs fehlen, und viele Unternehmen werden froh sein, dass sie uns noch ein paar Jahre weiterbeschäftigen dürfen. Dann werden sie sich um uns reißen, und wir können endlich beweisen, dass wir keine Zwischengeneration sind – und viel mehr draufhaben, als wir bisher zeigen konnten. Hoffentlich jedenfalls.

13. Der 40. Geburtstag ist der perfekte Zeitpunkt für einen Kassensturz.

In den letzten Jahren ging es turbulent zu in unserem Alltag. Meistens hetzten wir von einem Termin zum nächsten, zwischen Familie, Job, Freunden und Hobbys hin und her. Zeit zum Durchatmen? Kaum. Da kommt der 40. Geburtstag gerade recht. Jetzt können wir mal eine Verschnaufpause einlegen und überlegen: Was soll ich machen? Party, Essen mit Freunden? Und wen lade ich ein? Wer ist mir überhaupt noch wichtig? Urlaub mit der Familie oder Städtereise mit dem Partner? Wo sind die Problemzonen meines Alltags?

14. Mit vierzig steigen die Chancen für Singles wieder.

Wer mit 35 oder 30 Jahren Single war, hatte wirklich Pech. Ständig wurde er zu Hochzeiten und Wohnungseinweihungspartys von Paaren eingeladen, die bei dieser Gelegenheit auch gleich noch ihren Babywunsch verkündeten. Mit dabei: hauptsächlich frischverheiratete Paar, mit Kindern oder zumindest festen Absichten in diese Richtung. Es war zum Heulen! Das ist mit vierzig anders. Man sagt ja nicht umsonst: Die guten Männer sind mit dreißig noch zu haben und dann wieder ein paar Jahre später. Denn so manches Paar hat sich gerade in den letzten Monaten und Jahren getrennt. In meinem Bekanntenkreis waren es jedenfalls drei – allein im letzten Jahr. Das macht also sechs neue Singles auf der Suche, zumindest rechnerisch.

15. Männer über vierzig sind für deutlich jüngere Frauen wieder interessant.

Inzwischen achten wir auf diese Konstellation: eine sehr junge Frau mit einem nicht mehr ganz so jungen Mann, bei dem es sich nicht um den Vater oder um Flavio Briatore handelt. Kommt ja immer häufiger vor. Tatsächlich schätzen, laut einer Umfrage des Meinungsforschungsinstituts Gewis, jüngere Frauen bei Männern über vierzig, dass sie maskuliner wirken, einfühlsamer sind, über eine höhere Bildung und mehr Erfahrung verfügen. Das ist natürlich kein Vorteil für Frauen über vierzig.

16. Vorzeitiger Samenerguss ist für uns kein Problem mehr.

Was ging das manchmal schnell, mit achtzehn oder zwanzig. Was, schon vorbei!? Manchmal nur 90 Sekunden bis

Buffalo. Da mussten wir auf das zweite Mal hoffen oder uns was ausdenken, damit der Sex mal etwas länger dauerte und beide ihren Spaß hatten. Klar, dass so ein Zeitdruck etwas verkrampft. Aber das ist jetzt kein Problem mehr. Im Gegenteil, mit vierzig haben wir beim Sex alle Zeit der Welt.

17. Frauen haben mit vierzig so viel Spaß am Sex wie nie zuvor.

Die Mehrheit der heute vierzigjährigen Frauen hat laut einer Umfrage schon vor ihrem achtzehnten Geburtstag das erste Mal Sex. So richtig Spaß daran hatten sie aber erst später, viele erst ab Mitte dreißig. Vermutlich liegt das an einer Kombination aus Routine, Hormonen und Selbstironie. «Es ist wie im Job», sagen sie dann. «Erst wenn man es richtig kann, macht es auch Spaß.»

18. Schrebergärten müssen wir nicht mehr unbedingt spießig finden.

Eines wollten wir nie: spießig werden. Und dafür stand besonders der Schrebergarten. Das sehen wir inzwischen entspannter. Selbst eine Schrebergartenkolonie finden wir gar nicht mehr schlimm. Wieso auch? Kann man ja mit Freunden oder der Familie noch abends nach der Arbeit rausfahren und samstags den neuen Kugelgrill anwerfen, sagen wir uns dann. Und tun so, als hätten wir vergessen, wie schrecklich wir genau das vor ein paar Jahren noch fanden. Inzwischen können wir eben (fast) dazu stehen, dass wir ein wenig spießig geworden sind.

19. Mit vierzig haben wir gelernt: An den Eltern kommt niemand so leicht vorbei.

Wie jede Generation wollten wir alles anders, und vielleicht auch besser machen als unsere Eltern: Karriere, Ehe, Lebensstil. Deswegen haben wir uns auch häufiger mit ihnen gestritten. Inzwischen wissen wir: Unserem Elternhaus entkommen wir nicht so leicht, auch wenn Hunderte Kilometer dazwischenliegen. Warum auch? Eigentlich haben sie doch vieles richtig gemacht mit ihrem Häuschen, der entspannten Halbtagsstelle als Lehrer oder dem Engagement im Verein. Inzwischen sind wir ihnen tatsächlich immer ähnlicher geworden: «Verdammt, ich wollte nie wie meine Mutter werden, jetzt bin ich wie mein Vater.»

20. Wir sagen Sätze, für die wir unsere Eltern früher gehasst hätten.

«Hast du an den Schal gedacht, Schatz!», «Früher Vogel fängt den Wurm!», «Die Zeit heilt alle Wunden!», «Jedes Ding hat zwei Seiten!», «Lange Rede, kurzer Sinn!». Das sind alles Sprüche, die uns früher auf die Palme gebracht hätten – zumindest aus dem Munde der Eltern. Inzwischen lassen wir sie selbst los, meistens mehr oder weniger ironisch. Wir ahnen allerdings schon: Es dauert gar nicht mehr so lange, bis wir das ernst meinen.

21. Mit 41 Jahren sind Männer mit ihrer finanziellen Situation zum ersten Mal zufriedener als Frauen.

Männer interessieren sich bekanntlich für sogenannte Anschaffungen: Auto, Haus, Ferienwohnung. Alles kaum erreichbare Ziele, wenn sie noch in der Ausbildung sind oder am Anfang ihres Berufslebens stehen. Nach der einen oder anderen Gehaltserhöhung kann das schon ganz anders aussehen. Dann steht der Mercedes vielleicht schon im Carport und das Haus im Speckgürtel ist schon bezogen. Vielleicht denken sie sogar schon mit ihrem Anlageberater über eine Ferienwohnung mit Seeblick nach, natürlich als Steuersparmodell. So etwas macht Männer glücklich: Genau mit 41 Jahren sind sie laut einer Studie der Cambridge University mit ihrer materiellen Situation auch zum ersten Mal zufriedener als Frauen im selben Alter.

22. Wir vertrödeln nicht mehr so viel Zeit mit den falschen Leuten.

Wir haben schon jede Menge Leute in unseren Leben getroffen, darunter so manche Niete. Trotzdem haben wir viele Abende – und vielleicht sogar Nächte – mit ihnen verbracht. Inzwischen besitzen wir immerhin so viel Menschenkenntnis, dass wir schneller entscheiden können, ob jemand zu uns passt oder was wir erwarten: Ehe? Sex? Kino alle zwei Wochen? Sport? Lunch alle sechs Wochen? Wie war nochmal der Name? Dadurch vertrödeln wir nicht mehr so viel Zeit mit irgendwelchen Nullen, mit denen wir eigentlich gar nichts anfangen können.

23. Unsere freien Tage verpennen wir nicht mehr.

Sonntags mal richtig ausschlafen bedeutet für uns bis 8 Uhr. Und dann höchstens noch ein bisschen im Bett liegen bleiben. Das gilt auch dann, wenn wir mal wieder richtig ausgegangen sind und nach fünf Gin Tonic und/oder elf Bier um vier Uhr morgens in irgendein Bett gefallen sind. Vor fünfzehn oder zwanzig Jahren hätten wir noch so lange geschlafen, bis das Mittagessen kalt geworden ist. Heute wachen wir um Punkt 8 Uhr auf – und um 13 Uhr sind wir schon fertig mit Frühstücken, Hausputz, Einkaufen. Danach wissen wir gar nicht mehr, was wir mit dem Resttag noch anfangen sollen – und legen uns nochmal hin.

24. Endlich haben wir gelernt, Pläne zu machen – und uns auch (meistens) daran zu halten.

Vierzigjährige haben eigentlich nie Zeit. Der Grund: immer mehr Verpflichtungen (eigene Familie, Eltern, Job, Hobbys etc.) und nur Tage von 24 Stunden (minus sieben Stunden unproduktiven Schlaf). Ihre Wochen (und meistens auch die Wochenenden) sind total verplant. Im Kalender steht: Sonntag «Oma», Montag «Sport», Dienstag «Kinotag», Mittwoch «Elternabend», Donnerstag «Beziehungspflege», Freitag «Zeit für mich», Samstag «Spieleabend». Und das sind natürlich nur die Termine nach 19 Uhr. Damit das auch nur annähernd funktioniert, entwickeln auch «eher spontane Typen» spätestens mit vierzig ein wenig Organisationstalent. Manche kochen sogar schon Essen vor. Und sie stellen fest: Das Leben ist so um einiges leichter.

25. Das richtige Leben würden wir erkennen, wenn wir darauf stoßen würden.

Wir alle waren die letzten Jahre auf der Suche nach dem einen: dem Leben, das zu uns passt. Manche haben es inzwischen gefunden. Andere hatten es bereits mit zwanzig oder dreißig, ohne es zu merken. Sie haben munter weitergesucht und erst später kapiert: «Mann, das war's ja schon!» Heute wissen sie immerhin: Wenn ihnen das noch einmal passiert, werden sie es mitbekommen.

26. Wir sagen Sätze wie «Krisen sind eine Chance, sich selbst weiterzuentwickeln» – und glauben auch beinahe daran.

Bisher haben wir immer gedacht: Krise, nein danke, das ist nichts für mich! Was soll denn daran gut sein? Aber mit vierzig haben wir schon die eine oder andere hinter uns. Irgendwie haben wir uns wieder aufgerappelt – und fast immer dadurch verändert. Deshalb ertappen wir uns manchmal dabei, dass wir Sätze sagen wie: «Krisen können auch eine Chance sein. Dann kannst du persönlich weiterkommen.» So ganz überzeugt klingen wir noch nicht. Aber irgendwas muss man ja sagen, wenn wieder einer von uns in der Krise steckt.

27. Mit vierzig wird man im Job endlich ernst genommen.

In unserem Alter sehen nur die wenigsten im Neonlicht noch so jung aus wie die 25-jährige Auszubildende oder der 19-jährige Lehrling. Deshalb wird etwa die Stationsärztin inzwischen endlich nicht mehr mit «Hallo, Schwester» angesprochen. Nein, heute traut man uns unseren Job auch zu. Das kann ja auch ganz hilfreich sein. Manchmal werden wir sogar um Rat gefragt, nur weil uns jemand ansieht, dass wir es draufhaben könnten. Und meistens wissen wir auch noch eine Antwort.

28. Wir haben ein paar Rituale – und noch keine Ticks.

Heute müssen wir uns nicht mehr an jeder Hausecke entscheiden. Es gibt selten ellenlange Diskussionen, in welchem Restaurant wir uns treffen. Wir gehen einfach zu
unserem Lieblingsitaliener, der so tut, als ob er uns kennt,
und der zu Frauen Sätze sagt wie: «Immer wenn ich dich
sehe, geht die Sonne auf!» Längst kaufen wir auch in denselben fünf Läden ein, meistens auch noch zur selben Zeit.
Wenn diese Rituale gestört werden, bringt uns das schon
ein wenig aus dem Konzept. Deshalb müssen wir aufpassen,
dass keine Ticks daraus werden. Dafür haben wir nämlich
noch ein paar Jahre Zeit.

29. In Krisen betrinken wir uns nicht mehr.

Als wir jünger waren, haben wir uns bei Liebeskummer mit
Freunden (oder vielleicht sogar allein) höllisch betrunken.
Dann haben wir um vier Uhr morgens bei der ehemaligen
großen Liebe angerufen und sie vollgequatscht oder sind
mit dem Auto wild herumgefahren: «Ist doch jetzt auch
alles egal!» Am nächsten Morgen haben wir den Wagen
dann nicht mehr gefunden, und die ehemalige große Liebe
war auch nicht gerade begeistert. So einen Quatsch tun
wir nicht mehr. Wir wissen, dass Alkohol alles nur noch
schlimmer macht. Deshalb betrinken wir uns lieber, wenn
es uns gutgeht. Und auch das natürlich nur in Maßen,
schließlich haben wir nach dem zweiten Vollrausch innerhalb eines Monats Angst davor, Alkoholiker zu werden.

30. Wir rauchen endlich nicht mehr (oder zumindest weniger).

In den letzten Jahren haben wir ja schon ein paar Mal versucht, mit dem Rauchen aufzuhören – bestimmt schon zehnmal. Leider gab es immer wieder hervorragende Gelegenheiten, wieder anzufangen. Kurz vor dem Vierzigsten haben es viele aber wirklich geschafft. Einige hatten keine Lust mehr, im Regen vor die Tür zu gehen, um mit zittrigen Fingern eine zu «quarzen» – selbst wenn man dabei angeblich so wunderbar flirten kann. Anderen hat der Arzt den Spaß am Nikotin verdorben. «In ihrem Alter sollten sie besser aufhören zu rauchen», hat er mit ernster Miene gesagt – und es klang ein wenig wie eine Drohung.

31. Mit vierzig sind wir alt genug, mit jüngeren Menschen befreundet zu sein.

Vor fünfzehn oder zwanzig Jahren waren wir fast ausschließlich mit Gleichaltrigen zusammen. Andere Generationen interessierten uns nicht besonders. Seit Kinder im Freundeskreis auftauchen, ist das anders – und zwar nicht nur wegen der Kleinen und ihrer Freunde. Plötzlich sitzt dann die Babysitterin im Teenager-Alter auf dem Sofa. Mit vierzig ist vielleicht auch die neue Freundin oder der neue Freund ein paar Jahre jünger, vielleicht sogar aus einer anderen Generation. Besonders merkwürdig wird es aber, wenn die neue Freundin von Papa erst «um die 30» ist.

32. Popstars wie Prince, REM oder Madonna kennen wir bereits seit ihren Anfangstagen.

Immer wenn Madonna eine neue Platte herausbringt, freuen wir uns. Nicht weil wir sie unbedingt kaufen wollen. Das ist nebensächlich. Nein, weil wir Madonna schon so lange kennen, seit über fünfundzwanzig Jahren, seit ihren ersten Hits «Holiday» und «Like a Virgin». Wenn dann heute ihr neues Video auf MTV läuft, beobachten wir, wie sie wieder in einem glitzernden Aerobicanzug herumturnt. Dann denken wir an Madonna wie an eine alte Schulfreundin: Früher war sie aber besser, jünger, gelenkiger, toller ...

33. Heute können wir zu einem Freund oder einer Freundin sagen: «Verdammt, jetzt kennen wir uns schon über zwanzig Jahre, ist das nicht Wahnsinn?»

Wenn wir mit alten Freunden zusammensitzen, fragen wir uns immer öfter, wie lange wir uns eigentlich schon kennen. Manchmal schon so lange, dass wir uns gar nicht mehr genau daran erinnern können: «Das muss kurz nach der Abifeier gewesen sein, oder?» Dann fällt es uns wieder ein. «Mensch, ist ja schon über zwanzig Jahre her. Toll, dass wir uns immer noch so gut verstehen.» Vielleicht fällt uns bei der Gelegenheit auch noch der erste Kuss ein, das erste Mal Sex und der erste gemeinsame Vollrausch – wo wir schon mal dabei sind, uns an Dinge zu erinnern, die über zwanzig Jahre her sind.

34. Wir fahren nicht mehr schwarz.

Zugegeben, es hatte manchmal etwas, ohne Ticket im Bus oder in der U-Bahn zu sitzen. Bei jeder neuen Haltestelle könnte ja ein Kontrolleur zusteigen: Werde ich ihn rechtzeitig erkennen, damit ich noch schnell aussteigen kann? Und wenn nicht – wird er es bis zu mir schaffen, oder komme ich vorher raus? Das war unser kleiner, fast täglicher Nervenkitzel. Heute machen wir das nicht mehr. Das letzte Mal bin ich mit 38 schwarzgefahren – und wurde prompt erwischt. Seither ist es mir einfach zu peinlich, von einem Kontrolleur in einer haferflockenfarbenen Windjacke aus dem Bus zitiert zu werden, mich auszuweisen und danach zu spät zu meiner Verabredung zu kommen. Inzwischen konzentriere ich mich in öffentlichen Verkehrsmitteln lieber auf meine Zeitung oder auf die meines Banknachbarn.

35. Noch haben wir kein Viagra als Vorratspackung (Männer).

Schon häufiger und meistens übers Internet haben uns völlig fremde Menschen Mittel gegen unsere angeblichen Erektionsstörungen angeboten. Es gab ziemlich teure Tabletten zu 20, 25 und 100 Milligramm. Aber bisher haben wir lieber nicht geantwortet. Denn noch befindet sich bei den meisten von uns alles im grünen Bereich, zumindest im unteren Bereich des grünen Bereichs: Die Testosteron-Produktion, entscheidend für Lust und Unlust, sinkt zwar ab dem 30. Geburtstag. Zwischen 35 und 40 Jahren liegt sie aber immer noch bei 6 Nanogramm pro Milliliter. Okay ist laut Experten alles ab 6 Nanogramm.

36. Noch sind wir nicht in den Wechseljahren (Frauen).

Die Wechseljahre und wie man damit umgeht oder wie man sie ignoriert – das interessiert vierzigjährige Frauen nicht die Bohne. Und sie haben recht damit, denn von dieser hormonellen Umstellung sind sie noch meilenweit entfernt. Und von der Menopause, der letzten spontanen Menstruation, noch weiter. Durchschnittlich findet sie zwischen 50 und 51 Jahren statt. Sind ja noch mehr als zehn Jahre, eine halbe Ewigkeit.

37. Das Langzeitgedächtnis springt an.

Mit vierzig sind wir in einer Zeitschleife angekommen. Wir machen viele Dinge zum zweiten Mal, wenn auch mit leicht verschobenem Blickwinkel. Wenn wir heute etwa mit unseren Kindern die TV-Serie «Löwenzahn» schauen, fragen wir uns, ob Peter Lustig schon immer so ein schiefes Gesicht hatte. Und wenn wir mit ihnen die alten Asterix-Hefte durchblättern, wundern wir uns über die WG von Asterix und Obelix. Damals, mit zehn Jahren, ist uns das natürlich nicht aufgefallen, sondern ganz andere Dinge. So kommt das Langzeitgedächtnis in Schwung. Gerade noch rechtzeitig, denn das Kurzzeitgedächtnis zeigt erste Ausfallerscheinungen.

38. Heute wissen wir, welche Jeans uns passt – auch wenn sie «honey curvy» heißt.

Was haben wir Jeans ausprobiert in unserem Leben! Zuerst dachten wir, Levi's sei genau richtig. Aber das galt eben nur in den achtziger Jahren. Dann kamen Marken wie Wrangler, Edwin, Seven, Carhartt etc. dran. Heute wissen wir, welche Jeans wirklich zu unserem Körper passt und nicht welche zu ihm passen sollte – selbst wenn das Modell «honey curvy» heißt und in Frauenzeitschriften so beschrie-

ben wird: «Diese Hose betont die weiblichen Rundungen».
Schon klar! Egal, immerhin passt unser kurviger Hintern
rein. Damit haben wir eine der modischen Missionen unseres Lebens erfüllt. Die andere ist: Herausfinden, ob wir
Hüte, Mützen oder Kappen tragen können oder nicht. Das
klären wir dann in den nächsten vierzig Jahren.

39. Wir fühlen uns wie 34,4.

Wir sind jetzt zwar vierzig, fühlen uns aber natürlich jünger – und zwar genau 5,6 Jahre. Genau so viel fühlen sich
Vierzigjährige laut einer Umfrage von Emnid im Durchschnitt jünger. Warum auch nicht? Machen ja schließlich
alle so! Die Schere zwischen tatsächlichem und gefühltem
Alter wird sogar noch größer: Ab fünfzig halten wir uns
für 6,2 Jahre jünger, ab sechzig sogar für 10,6. Vielleicht
sollten wir damit schon früher anfangen, dann wären wir
jetzt erst 29,4.

40. Bei den Geburtstagen danach machen wir uns nicht mehr so einen Kopf.

Wenn wir den vierzigsten Geburtstag endlich hinter uns
haben, wird bestimmt alles leichter. Dann machen wir
nicht mehr so viel Wind. «Gibt ja schließlich so bald keinen runden mehr!» Wir überlegen dann auch nie wieder
so lange, was wir veranstalten sollen. Dann tun wir einfach, wonach uns der Sinn steht – denn die Geburtstage
danach (41, 42, 43 etc.) sind nicht mehr so wichtig. Wir
können es uns sogar leisten, über sie hinwegzugehen. Das
glauben wir zumindest heute, aber wir sind ja auch noch
keine fünfzig.

Dank

an Heike für Geduld und Geistesblitze, Harald für Arsch-tritte und den Nasenhaarschneider, Kathrin für die Rettung der Liebe, Hackfala für «Den Satz kannste ruhig weglassen», Holger für «Ich erklär das dann mal», Eckard und Anneliese für Inspiration und Snowli-Skikurse, Christian für die Rentendebatte in der Kantine, Nicole für alle Details über Frauen, Olli für die männliche Seite, Markus für die Ideen im «Bandol» und am Schreibtisch, Bernd für Gags im Hausflur, Kirsche für trockene Kommentare, Edu und Hortense für die Buchmessen-Trips, Klaus für Millionen Marketing-Ideen und Aufbau-Arbeit, Michael und mein Doc für ärztlichen Rat, Claudia für ein langes Gespräch über Kinder, Kerle und Karriere, Thorsten für Rippchen, Petra für den Ostsee-Blick auf Fehmarn, Andreas für die Foto-Session am Hafen, Jens für «zu behäbig», Katja für die Recherche, alle von Rowohlt · Berlin für ihren Einsatz, anyway für das Top-Cover und alle, mit denen ich über dieses Buch gesprochen habe (ihr wisst jetzt, wer gemeint ist).